JN240990

空チェックは危険です！

──トラブルを防ぐ──

非営利組織の伝票決裁のポイント

菅貞 秀太郎

著

同文舘出版

はじめに　どうする、伝票の決裁

会計がわからない伝票決裁者

　昨今の非営利組織の管理部門では総務・人事・会計等業務が集約化される傾向があり、責任者はマルチタスク化が求められています。このため、会計に詳しくない人が管理職になる場合も少なくありません。

　このような立場に置かれた管理職は伝票の決裁に困ります。会計がよくわからないけれど、立場上伝票の決裁は求められる。部下からは、「管理職なら、わかって当然ですよね」という視線で見られます。部下に質問しようとしても、会計が全くわかっていないため何を聞けばよいかもわからない。また、部下の立場からは、上司が何を知っていて何を知らないかが明らかではないため、どの程度説明すべきかがわかりません。上司から何も聞かれない場合、問題ないのだろうと思ってしまいます。その結果、お互いに確認することなく、上司が黙って判子を押すだけの空チェックとなってしまう。このような問題が起こり得るのです。

会計処理にはトラブルがつきもの

　「よくわからない」といってなんとなく伝票を決裁してしまう、いわゆる空チェックはとても危険な行為です。その理由は、会計処理には様々なトラブルがつきものだからです。伝票決裁者には、そのトラブル防止のためのリスク管理が求められており、その一環として伝票決裁があるのです。仮に、伝票決裁が空チェックだった場合、会計責任者は相応の責任が追及されることでしょう。

　しかし、心配には及びません。会計処理に関して生じるトラブルにはそれぞれ定番の対応方法が存在しているのです。つまり、トラブルと対

応策の定番の組み合わせを知ってさえいればよい、ということです。

想定読者

　本書は3つの立場の読者を想定しています。

　1人目は、非営利組織で伝票決裁者になった管理職です。ここで言う非営利組織とは、主に公益法人、社会福祉法人、医療法人、学校法人、宗教法人、特定非営利活動法人（以下、NPO法人）等を指します。これらの組織では、必ずしも予算が潤沢ではなく、人的資源が限られており、管理職にマルチタスクが求められます。このため、経理経験が豊富な人材を配置できるとは限りません。だからこそ、具体的なトラブルと対応策を挙げ、ポイントを絞った内容の書籍が必要となるのです。

　2人目は、初めて経理部門に配属された上司の部下です。上司から適切にチェックしてもらえないことは、部下としても不安です。本書を通して、経理業務に慣れない上司に対して、伝票のどこを見て決裁するべきかを端的に説明できます。本書を新任の上司に渡し、経理の仕事の重要性と危険性を認識してもらいましょう。

　3人目は、非営利組織の役員です。役員は非営利組織の会計に関する重大な責任を担っており、その心境は職員から理解されにくいことがあります。もし経理ミスが多く、「ちゃんとした会計処理をしてほしい」と職員に指示しても、「ちゃんと」を具体的に言語化できないと伝わりません。本書を役員から職員に渡し、「ちゃんと」というのは「これとこれです」、と具体的に何をどうするのかを理解してもらいましょう。

伝票決裁でトラブルを予防できるのはなぜ?

　伝票とは、取引の具体的な内容、会計処理及び根拠証憑をまとめた書類のことで、決算書の元データとなる帳簿の一行一行に対応します。伝票の情報を集計して全部足し合わせた結果は帳簿となり、その帳簿を勘定科目別に集計すると残高試算表という決算書の原型ができます。決算

書は、この残高試算表をもとに作成します。

　つまり、会計処理は必ず伝票を通して行われるということです。このため、伝票決裁の時点で確認すべき重要な項目をチェックできれば、会計処理に関する様々なトラブルを未然に防止できるのです。管理職に伝票のチェックが求められるのもこの理由からです。

■ 伝票と決算書の関係

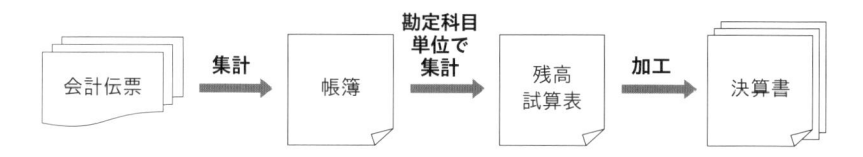

本書の目的と執筆の背景

　本書の目的は、知ってさえいれば容易に回避できる会計処理のトラブルに関する知識を伝えたい、というものです。このため、よくある会計処理のトラブルとその対応策を簡潔にまとめました。

　私の非営利会計分野での経験から、非営利組織の伝票決裁者は会計処理に関する知識が十分ではないと感じることがありました。その理由として、専門家からの情報発信が不足していることが考えられます。書店には会計基準を解説する分厚い書籍が多く、決裁者がチェックすべき重要ポイントに焦点を当てたものが少ないからです。

　この情報発信の隙間を埋めるため、本書は従来の会計書籍とは異なる切り口で、トラブル回避のための知識を提供することを目指しています。

　本書が非営利分野の実務家の皆様に役立ち、トラブル予防に貢献することを心から願っております。この書籍を通じて、日本の社会問題解決に専念できる環境作りにお役立ていただければ幸いです。皆様のご活躍を心より応援いたします。

本書の読み方・使い方

伝票の構造と本書の構成

　非営利会計における伝票は、おおよそ次の表のような記載項目があります。

■ 非営利組織における伝票の記載項目

会計伝票			
年度	日付	会計区分	財源
予算科目	予算残額	部門	消費税区分
取引先名	稟議書番号	入力者	・・・
摘要欄：			

借方		貸方	
勘定科目	金額	勘定科目	金額

　本書では経理ミスとそれにより生じるトラブルを挙げながら伝票項目のどこを見て防止するのか、次の表の流れで解説します。

問題からの逆引き

　本書は、非営利組織で発生し得る経理ミスとそれに伴うトラブルを併せて説明しており、問題から必要な対応策を逆引きできる構成になっています。このため、目次を見ると、よくある経理ミスとトラブルのチェックリストとしても活用できます。

■ 本書の構成

単元	概要
第Ⅰ部 空チェックは危険です！ 伝票決裁の役割	・伝票決裁による経理トラブル予防効果を解説する。 ・前提となる、経理業務の全体像を解説する。 ・前提となる、伝票、証憑等の基本用語を解説する。
第Ⅱ部 一枚一枚が大切！ トラブルに直結する 経理ミスの予防	・一枚一枚の伝票単位で、経理ミスが即トラブルにつながる事例を挙げ、定番の対応策を解説する。
第Ⅲ部 健全経営は伝票から！ 適正な決算書の作成による トラブル防止	・即座にトラブルにはならないが、伝票を集計して作成した決算書の段階で発生するトラブルを解説する。 ・決算書段階でのトラブル予防を見据えて、定番の経理ミスの例を挙げ、その防止策を解説する。
第Ⅳ部 頭を整理しよう！ 伝票の項目別ポイントと トラブルにつながる 仕事チェックリスト	・第Ⅱ部、第Ⅲ部で事例別に解説した伝票上の確認項目について、モデル伝票の各項目を見ながら復習する。 ・ステップアップとして、知らないとやってしまう、経理ミスの原因となる「危険な仕事の仕方」を点検する。

　なぜこのような構成にしたのかというと、経理実務を決算書の体系や時系列に沿って解説すると「退屈になる」からです。このようなアプローチによる優れた書籍も多いのですが、知っておくべきことを網羅するために、説明が冗長になりがちです。すると、経理に慣れない方には消化不良になってしまいます。

　そこで、本書ではあえて問題別に整理し、筆者が最低限注意すべきと考える重要点を、具体的な必要性とともにお伝えすることを目指しています。

第Ⅰ部
空チェックは危険です！　伝票決裁の役割

第Ⅱ部

一枚一枚が大切！
トラブルに直結する経理ミスの予防

2　二重払い　41

3　誤入金（受取）の誤使用　50

第Ⅳ部
頭を整理しよう！
伝票の項目別ポイントとトラブルにつながる
仕事チェックリスト

1 伝票項目等から見た決裁のポイント 164

2 トラブルにつながる仕事の仕方チェックリスト 170

空チェックは危険です！伝票決裁の役割

I部では、空チェックによりどのようなトラブルが生じるのか、具体例を紹介します。併せて、伝票決裁の観点を説明する上で理解しておくべき経理業務の全体像とスケジュール、関係する基本的な用語と概念を解説します。

1 本当は怖い経理の実務

▎ 非営利組織の会計責任者に降りかかるトラブル

　経理実務には、知らないと怖い落とし穴がたくさんあります。経理の責任者になったからには、十分に起こり得るトラブルを予め理解し、トラブルの予兆を察知することで、未然に防止する責任があります。

　本章では、まずよくあるトラブルの例を解説します。

▎ 誤払い

　誤払いとは、払うべき金額を誤って過大または過少に支払ってしまうことや相手先を誤って支払ってしまうことです。

　過大に払ってしまった場合、必ず取り返せるとは限りません。取引が頻繁にある取引先であれば、今後のお付き合いを考えて誠実な対応をしてくれるかもしれません。しかし、1回きりの取引相手だったり、海外の取引先だったりしたら、どうでしょうか。お金を返さない方が得だと考えて、返金に応じてもらえないかもしれません。

　また、過少払いにも問題があります。例えば、請求書の金額のうち、誤って一部だけしか支払っていない、というのであれば追加で払えば済む話であり、損失は生じないと思われるかもしれません。しかし、支払期限がある場合にはトラブルの原因となることがあります。例えば、下請への代金の支払いに当たっては、一定規模以上の法人[1]には「下請代金支払遅延等防止法」が適用されます。この法律の適用を受ける場合、取引先から給付を受領した日から 60 日以内に代金の全額を払うことが

定められています。違反した場合には、「当該未払金額に公正取引委員会規則で定める率を乗じて得た金額を遅延利息として支払わなければならない。」（「下請代金支払遅延等防止法」第4条の2 ■条文）とされており、法人に損害が発生する可能性があります。

▌二重払い

　二重払いとは、取引先への支払いを誤って複数回してしまうことです。よくあるミスで、非常に危険なものです。これには2つの理由があります。

　1つ目の理由は余分に払ったお金を返してもらえないことがあるからです。

　2つ目の理由は、返してもらえたとしても回収に非常に時間や費用がかかってしまうことです。例えば、ある月に100件の支払いをするところ、誤って100件分の送金処理を2回してしまう、というミスがあります。この場合、重複した100件の取引先に返金を依頼するとともに、返金に応じてくれない取引先と交渉する必要があります。場合によっては訴訟になり弁護士費用がかかるかもしれません。時間もお金もかかります。

　このことについて、わかりやすい事例があります。2022年、山口県の地方公共団体が誤って463世帯分の合わせて4,630万円の給付金を1人に振り込んでしまった事件です。返金に応じてもらえず訴訟になり、メディアでも大きく取り上げられました。

▌誤入金（受取）の誤使用

　誤払いや二重払いが頻繁にある以上、誤って過大入金を受け取ることもあり得ます。この場合、ラッキーと思って使ってしまったら大変なこ

とになります。適切に返金しなければ、民法の定める不当利得として訴えられてしまいます。

倒産等による取引先の債務不履行

発注した商品やサービスの納品・履行完了後に支払いを実行すべきところ、誤って納品・履行前に支払いをしてしまうことも危険な行為です。相手の経営状態によっては、商品納品やサービス提供前に倒産してしまい、結果として損失を被ることになりかねません。請求書だけを見て漫然と支払処理をしてしまうと、このようなトラブルを未然に防止できません。

補助金適化法違反

補助金は国や地方公共団体等からもらえるお金、というのが一般的な感覚ではないでしょうか。しかし、補助金には思わぬリスクがあるのです。国や地方公共団体等からの補助金は税金に由来するものであり、厳しくその用途が定められています。補助金等の他の用途への使用は「補助金等に係る予算の執行の適正化に関する法律」で禁止されており、違反した場合には懲役刑が科されてしまいます。

補助金はもらえたら嬉しいものではありますが、その管理についての相応の知識がないと思わぬトラブルの原因になります。

追徴課税

経理ミスは申告する税金納付額計算の誤りの原因ともなります。もしも、税金の計算誤りを税務署に指摘された場合、追加で納税しなければならないだけでなく、加算税・延滞税が発生してしまいます。

また、個人事業主との取引における源泉徴収にも注意が必要です。身近な例としては、雇用主が従業員に一定額の税金を差し引いてから給与を支払うこと等が思い浮かぶと思います。しかし、法人から個人事業者に対して支払いを実施する際にも原則として源泉徴収が必要であることはご存じですか。この源泉徴収と納付が漏れてしまった場合、不納付加算税・延滞税が発生してしまいます。

▌ 職員の不正

職員による横領等の不正はよくあること、と考えるべきです。同じ職場で働く人が悪事に手を染めると考えるのは難しいと思います。しかし、実際にはかなりの頻度で発生するものであり、経理に携わる以上は意識を切り替えなければなりません。しかも、上司として適切な管理監督ができていなければ、上司であるあなたも責任が問われる可能性があります。もちろん悪いのは不正を実行する人ですが、一般的に、不正は上司が適切にチェックしないことが重要な発生原因の1つと考えられています。

滅多にないことなので実感がわかないかもしれませんが、経理に携わる責任者であれば、必ず不正に対して備えましょう。

▌ 経理ミスによる認定要件への影響

他にも、様々な経理ミスがトラブルの原因となります。例えば、区分経理の選択誤りや固定資産と費用の判断誤りは、一見すると単なる内部管理上のミスに思えるかもしれません。

しかし、非営利組織には財務面での法人の認定要件が存在する場合があります。これらの認定要件は、多くの場合、決算書の数値に基づいて判断されます。もし経理ミスの結果、決算書の数値に誤りがある場合、

気づかないうちに認定要件に違反してしまうかもしれません。

経理ミスによる個人への罰則

経理ミスにより個人に対する罰則が適用される可能性があります。例えば、非営利組織の役員等には、帳簿の作成を怠ったり、記載すべき事項を記載しなかったりした場合に罰則が定められています。会計処理にミスや漏れがあると、罰則が適用される状況に陥る可能性があります。決算数値は、各法人制度の認定要件を満たすための基礎となる等、社会的に重要です。このため、非営利組織の役員等には決算書の元データとなる帳簿の適正な作成が義務付けられているのです。

経理責任者が役員の地位ではなかったとしても、役員に罰則が生じるような事態になれば、責任者として責任を問われることになるでしょう。

■ 役員等個人への罰則の例

法人類型	該当法令	概要
一般社団法人	一般社団法人及び一般財団法人に関する法律第342条7項 ■条文	会計帳簿等に記載・記録すべき事項を記載・記録せず、又は虚偽の記載・記録をしたとき、役員等への百万円以下の過料
社会福祉法人	社会福祉法第165条5項 ■条文	会計帳簿等に記載・記録すべき事項を記載・記録せず、又は虚偽の記載・記録をしたとき、役員等への二十万円以下の過料
宗教法人	宗教法人法第88条4項 ■条文	帳簿の作成若しくは備付けを怠り、又は帳簿に虚偽の記載をしたとき、代表役員等への十万円以下の過料

伝票チェックがトラブル防止になる理由

本章では、経理ミスが様々なトラブルを引き起こすことを解説してきました。このようなトラブルを防止するためには、伝票のチェックが非

常に有効です。なぜなら、経理トラブルの予兆は伝票に現れるからです。伝票で予兆を察知できれば、経理トラブルを予防することができます。

　経理トラブルは氷山の一角のようなもので、発生原因は水面下に潜在的に存在しており、通常は明確にはわかりません。しかし、伝票を作成することで取引は具体的に記述され、その結果として今まで見えなかったものも見えるようになります。この際に、経理ミスによるトラブルの予兆が現れるのです。下の図では、この関係を示しています。

■ 伝票チェックとトラブル予防の関係

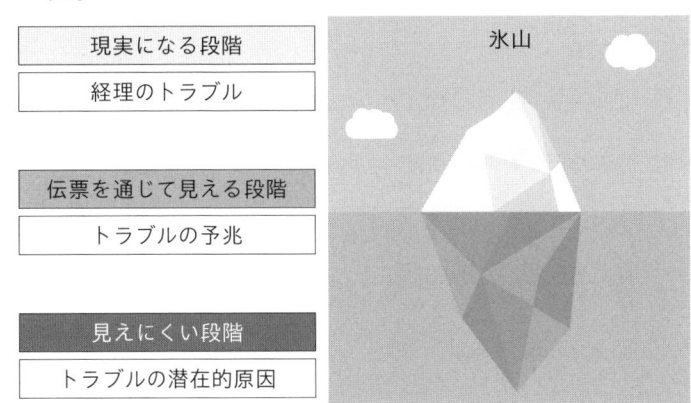

- 現実になる段階：トラブルが実際に発生し、目に見える問題となる。
- 伝票を通じて見える段階：伝票チェックにより、まだ顕在化していないトラブルの予兆が見えてくる。
- 見えにくい段階：伝票を作成・チェックしない限り気づかない、潜在的なトラブルの原因が水面下に存在している。

ここで、「予兆」とは何かが気になるかもしれません。ベテランの経理担当者は無意識のうちにこの予兆を察知します。あるベテランの経理担

当者が「伝票の間違っている部分が光って見える」と言っていたのが印象的でした。もちろん、経理トラブルの予兆は無数にあるため、すべてを網羅することはできません。しかし、専門家やベテラン担当者の間でよく知られている重要な予兆を察知するための観点を一覧化するだけでも、経理に不慣れな方には貴重な情報になるはずです。

　以降の章では、以降の章で挙げた経理トラブルの予兆を察知し、事前にトラブルを防止するための対応策を解説していきます。

◉ 注

1 中小企業庁『下請取引適正化推進講習会テキスト』2023 年 11 月、p.18。

📖 本章と関係する法律条文・資料抜粋

中小企業庁『下請取引適正化推進講習会テキスト』

【適用範囲についての Q & A】

Q2：一般財団法人，一般社団法人等の法人は，本法上の親事業者となり得るか。

A：本法の「資本金の額又は出資の総額」とは，事業に供される資本としてある程度固定的に把握できるものをいう。例えば，資本金勘定のない一般財団法人及び一般社団法人であれば，貸借対照表上の指定正味財産等の固定的な財産が「資本金の額又は出資の総額」に該当する。したがって，当該法人の指定正味財産等の固定的な財産が本法の資本金区分に該当すれば親事業者となり得る。

　なお，一般財団法人及び一般社団法人以外の公益財団法人，公益社団法人，社会福祉法人，学校法人等についても，固定的な財産において判断することは同様である。

下請代金支払遅延等防止法（昭和 31 年法律第 120 号）

（遅延利息）

第 4 条の 2　親事業者は，下請代金の支払期日までに下請代金を支払わなかつたときは，下請事業者に対し，下請事業者の給付を受領した日（役務提供委託の場合は，下請事業者がその委託を受けた役務の提供をした日）から起算して 60 日を経過した日から支払をする日までの期間について，その日数に応じ，当該未払金額に公正取引委員会規則で定める率を乗じて得た金額を遅延利息として支払わなければならない。

一般社団法人及び一般財団法人に関する法律（平成 18 年法律第 48 号）

第七章　罰則

（過料に処すべき行為）

第三百四十二条　設立時社員、設立者、設立時理事、設立時監事、設立時評議員、理事、監事、評議員、会計監査人若しくはその職務を行うべき社員、清算人、民事保全法第五十六条に規定する仮処分命令により選任された理事、監事、評議員若しくは清算人の職務を代行する者、第三百三十四条第一項第六号に規定する一時理事、監事、代理理事若しくは評議員の職務を行うべき者、同条第二項第三号に規定する一時清算人若しくは代表清算人の職務を行うべき者、第三百三十七条第一項第二号に規定する一時会計監査人の職務を行うべき者又は検査役は、次のいずれかに該当する場合には、百万円以下の過料に処する。ただし、その行為について刑を科すべきときは、この限りでない。

七　定款、社員名簿、議事録、財産目録、会計帳簿、貸借対照表、損益計算書、事業報告、事務報告、第百二十三条第二項（第百九十九条において準用する場合を含む。）若しくは第二百二十七条第一項の附属明細書、監査報告、会計監査報告、決算報告又は第二百四十六条第一項、第二百五十条第一項、第二百五十三条第一項、第二百五十六条第一項若しくは第二百六十条第二項の書面若しくは電磁的記録に記載し、若しくは記録すべき事項を記載せず、若しくは記録せず、又は虚偽の記載若しくは記録をしたとき。

社会福祉法（昭和 26 年法律第 45 号）

第十三章　罰則

第百六十五条　社会福祉法人の評議員、理事、監事、会計監査人若しくはその職務を行うべき社員、清算人、民事保全法第五十六条に規定する仮処分命令により選任された評議員、理事、監事若しくは清算人の職務を代行する者、第百五十五条第一項第三号に規定する一時評議員、理事、監事若しくは理事長の職務を行うべき者、同条第二項第三号に規定する一時清算人若しくは清算法人の監事の職務を行うべき者、同項第四号に規定する一時代表清算人の職務を行うべき者、同項第五号に規定する一時清算法人の評議員の職務を行うべき者若しくは第百五十六条第一項第二号に規定する一時会計監査人の職務を行うべき者又は社会福祉連携推進法人の理事、監事、会計監査人若しくはその職務を行うべき社員、同法第五十六条に規定する仮処分命令により選任された理事若しくは監事の職務を代行する者、第百四十三条第一項において準用する第四十五条の六第二項の規定により選任された一時理事、監事若しくは代表理事の職務を行うべき者、一般社団法人及び一般財団法人に関する法律第三百三十四条第一項第六号に規定する一時理事、監事若しくは代表理事の職務を行うべき者、第百四十三条第一項において準用する第四

十五条の六第三項の規定により選任された一時会計監査人の職務を行うべき者若しくは同法第三百三十七条第一項第二号に規定する一時会計監査人の職務を行うべき者は、次のいずれかに該当する場合には、二十万円以下の過料に処する。ただし、その行為について刑を科すべきときは、この限りでない。

五　定款、議事録、財産目録、会計帳簿、貸借対照表、収支計算書、事業報告、事務報告、第四十五条の二十七第二項若しくは第四十六条の二十四第一項の附属明細書、監査報告、会計監査報告、決算報告又は第五十一条第一項、第五十四条第一項、第五十四条の四第一項、第五十四条の七第一項若しくは第五十四条の十一第一項の書面若しくは電磁的記録に記載し、若しくは記録すべき事項を記載せず、若しくは記録せず、又は虚偽の記載若しくは記録をしたとき。

宗教法人法（昭和 26 年法律第 126 号）

第十章　罰則

第八十八条　次の各号のいずれかに該当する場合においては、宗教法人の代表役員、その代務者、仮代表役員又は清算人は、十万円以下の過料に処する。

〈省略〉

四　第二十五条第一項若しくは第二項の規定に違反してこれらの規定に規定する書類若しくは帳簿の作成若しくは備付けを怠り、又は同条第二項各号に掲げる書類若しくは帳簿に虚偽の記載をしたとき。

2 経理業務の全体像

伝票決裁の大局的観点

伝票決裁の大局的観点は大きく分けて2つあります。

1つ目は、申請された伝票が正しいかどうかのチェックです。発生した取引内容を示す根拠証憑と伝票の内容を照合し、間違いがないかを確認します。本書では主にこちらに焦点を当てています。

2つ目は、会計処理の漏れがないかのチェックです。漏れがある場合は、上司であるあなたのもとに伝票が回ってこないこともあります。このため、待っているだけでは漏れによる経理トラブルを防止できません。これを防ぐためには、決算スケジュールを作成して実施事項と時期を明確にすることです。

決算スケジュールは文書化されていますか。公認会計士が「文書化」と提案すると「またか」と嫌な顔をされるかもしれません。確かに面倒で負担に感じることもあります。しかし、文書化することでやるべきことが明確になり、漏れ防止には非常に効果的です。

経理業務のいつ・何をするかの全体感

漏れ防止のためには、会計処理が必要となる取引や事象を以下の4つの観点で把握する必要があります。

①月次で会計処理すべき定例的な取引・事象
②特定の月にのみ会計処理すべき取引・事象

③年度決算時に会計処理すべき取引・事象

④不定期で発生するもので、発生した都度会計処理すべき取引・事象

　ここで、①〜③は頻度の違いはあるものの定期的に発生するものです。時期も含めて発生することがわかります。このため、スケジュール表を作成して定期的に進捗状況を確認することで、漏れを防止することができます。

　④は不定期で発生するもので、場合によってはその法人では前例がないこともあります。このような事象はスケジュール管理が困難です。本書で考えられる例を挙げますので、年度初め等の一定のタイミングで該当事象がないかを確かめるとよいでしょう。

　以上の説明をまとめたものが下の表です。

■ 伝票作成時期のイメージ

取引・事象の分類	漏れ防止の対応策
月次で定期的に発生する取引・事象	年間スケジュールの作成月次スケジュールの作成
ある月にのみ発生する取引・事象	
年度単位で発生する取引・事象	
不定期で例外的に発生する取引・事象	例外事例を踏まえた定期的な点検

漏れ防止のための年間スケジュール作成

1. 決算のうち伝票作成に関する主なスケジュール

　漏れ防止のためには、まず行うことが確定している業務をスケジュールに落とし込んでしまうことです。スケジュール表は、年間スケジュールで大局的に経理業務を把握するとともに、月別スケジュールを作成してタスク管理を行うとよいでしょう。

〈月次で定期的に発生する取引・事象の例〉

● 職員への給与支払い

● 取引先事業者への支払いや債務消込

● 入金額の記帳と債権消込

● 職員の給与の源泉所得税等の納付（原則として、給与等を実際に支払った月の翌月10日までに国に納付）[1]

● 職員の社会保険料等の納付（納付対象月の翌月末日）[2]

● 月末現金・預金残高と帳簿残高との照合

〈特定の月にのみ会計処理すべき取引・事象の例〉

● 賞与に関する源泉徴収税納付と社会保険料納付

● 職員の労働保険料の納付等（6月1日～7月10日）[3]

● 消費税の中間納付（年1回から11回）[4]

〈年度決算時に会計処理すべき取引・事象の例〉

● 決算整理仕訳（引当金や前受収益・前払費用等の計上と取崩し、減価償却費の計上等、収入・支出を直接伴わないが決算書作成上必要となる会計処理）

● 税金の納付（確定申告と納付）

なお、以上は例示ですので、実際には法人によって異なります。

2. 決算のうち伝票作成以外の主なスケジュール

　経理部門が年度ごとに実施する業務には、伝票作成と直接関わらないものもあります。例えば、以下のような業務です。決算スケジュール表は、このような業務もまとめて作成します。

● 補助金等実績報告書の提出

● 監事への決算書等提出と監査対応

● 社員総会等の招集通知と決算書等の添付

- 決算公告
- 所轄庁への決算書等の提出

3. 予算に関する主なスケジュール

　経理部門は、決算だけでなく予算策定も求められています。例えば、公益法人では事業年度開始前までに収支予算書の作成と行政庁への提出が必要です（「公益社団法人及び公益財団法人の認定等に関する法律」第21条、第22条 ▶条文 ）。また、国や地方公共団体からの財源で運営される法人の場合、国や地方公共団体の予算要求に合わせて、夏ごろから次年度予算の見積もりを開始することもあります。

■ 年間スケジュール表のイメージ

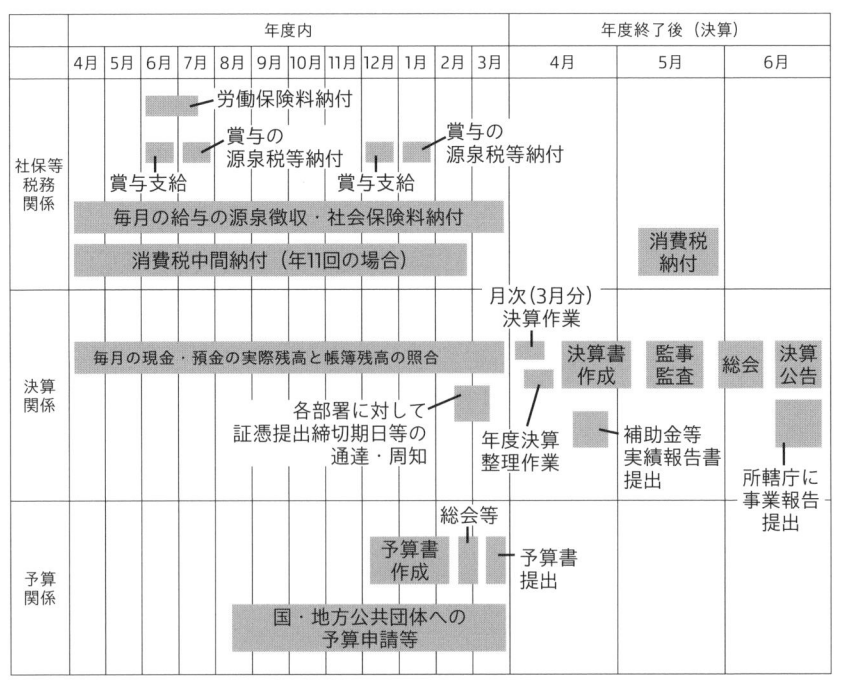

注：図はイメージであり、各法人制度の定め等により異なる場合があります。

　決算が重要であるのと同様に、予算策定も適時の実施が必要です。このため、年間スケジュールには、決算だけでなく、予算に関するスケジュールも含めて記載しましょう。

▎月次決算スケジュールのホワイトボード管理

　年度単位の業務に加えて、月次単位で定期的に発生するタスクもあります。年度単位と月次単位では粒度やタスク数が異なるため、スケジュールを分けて作成するとよいでしょう。

■ 月次決算スケジュール

日	曜日	タスク名	未了	完了	本日
1日	月曜日	前月末預金残高確認		OK	
2日	火曜日				
3日	水曜日				
4日	木曜日				■
5日	金曜日				
8日	月曜日				
9日	火曜日				↓
10日	水曜日	給与の源泉徴収額納付	○		
11日	木曜日				
12日	金曜日				
15日	月曜日	月次支払証憑提出締切	○		
16日	火曜日				
17日	水曜日				
18日	木曜日				
19日	金曜日	銀行に支払データ送信	○		
22日	月曜日				
23日	火曜日				
24日	水曜日				
25日	木曜日	支払実行日	○		
26日	金曜日				
29日	月曜日				
30日	火曜日				
31日	水曜日	源泉徴収社会保険料納付	○		

月次スケジュールは、経理部門の執務スペースに貼り出してメンバーで共有すると効果的です。複数の人が見る機会があることで、タスクを忘れずに進行させやすくなります。次の図のように、業務名を書き出し、「未了」「完了」のところにマグネットを貼って進捗を示すと、上司や他のメンバーも進捗状況を一目で確認できます。万が一、重要な業務が忘れられている場合でも、マグネットが「未了」の位置にあることで、他のメンバーも気づきやすくなります。

　特にカレンダー形式にすることで、頻繁に確認する機会が増え、タスク漏れを防ぐことができます。また、当日のタスクを目立たせるために、本日にあたる日にちに特別なマグネットを貼って強調するのも有効です。

■ 会計処理が必要な例外的出来事の例

例示	会計処理
運用する投資有価証券等の価値が取得価額に比べて著しく下落	投資有価証券の減損
貸付けをしている相手先の財務状態の悪化	貸倒引当金計上
取引先の破産	貸倒損失計上
事務所や事業所の移転	移転に伴い廃棄した有形固定資産の除却
事業の廃止時期の決定	事業の廃止時期を終期とするように、使用する固定資産の耐用年数を変更
他法人との資産の交換	交換した資産の差額の会計処理
現物寄附	受け入れた現物の固定資産計上
新たな事務所や事業所を賃貸	原状回復義務に応じた資産除去債務の計上
古い有形固定資産からのアスベストやPCB（ポリ塩化ビフェニル）の新たな識別	処分費用の見積り額相当の資産除去債務または引当金の計上
特許や商標の取得または喪失	すでに存在しない無形固定資産の除却
訴訟	損害賠償金の支払見込額に対応した引当金の計上
人事制度の変更	賞与引当金や退職給付引当金の見積金額修正

例外的取引や事象に会計処理が必要な場合

　決算スケジュールは、主に発生が確実な出来事に対応するものです。しかし、数年に一度、もしくは数十年に一度しか発生しないまれな出来事に対しても、会計処理が必要なことがあります。経理に慣れていないと、こうした出来事が会計処理にどう影響するかをイメージしにくく、処理が漏れる原因となります。例えば、左の表のような取引や事象がないか、事業年度開始前等の一定のタイミングで点検しましょう。

● 注

[1] 国税庁 HP「タックスアンサー（よくある税の質問）　No.2505 源泉所得税及び復興特別所得税の納付期限と納期の特例」

[2] 日本年金機構 HP「健康保険・厚生年金保険の保険料関係 保険料の納付 納付期限」

[3] 厚生労働省 HP「労働保険料の申告・納付」

[4] 国税庁 HP「タックスアンサー（よくある税の質問）　No.6609 中間申告の方法」

▥ 本章と関係する法律条文・資料抜粋

公益社団法人及び公益財団法人の認定等に関する法律（平成 18 年法律第 49 号）

第二章　公益法人の認定等

第二節　公益法人の事業活動等

第三款　公益法人の計算等の特則

（財産目録の備置き及び閲覧等）

第二十一条　公益法人は、毎事業年度開始の日の前日までに（公益認定を受けた日の属する事業年度にあっては、当該公益認定を受けた後遅滞なく）、内閣府令で定めるところにより、当該事業年度の事業計画書、収支予算書その他の内閣府令で定める書類を作成し、当該事業年度の末日までの間、当該書類をその主たる事務所に、その写しをその従たる事務所に備え置かなければならない。

（財産目録等の提出及び公開）

第二十二条　公益法人は、毎事業年度の経過後三箇月以内（前条第一項に規定する書類については、毎事業年度開始の日の前日まで）に、内閣府令で定めるところにより、財産目録等（定款を除く。）を行政庁に提出しなければならない。

3 これだけは知っておきたい 経理の基本

会計処理の基本用語

本書で使用する経理業務の基本用語を解説します。経理業務が初めての方は用語の使い分けや意味がわからないかもしれません。すべてを網羅することはできませんが、伝票チェックのポイントを理解する上で必ず知っておくべき点をまとめて解説します。すでにご存じの方は読み飛ばしても問題ありません。

1. 証憑

収益（収入）や費用（支出）等は、他の法人・個人との取引関係の中で発生します。取引には通常、請求書や領収書、契約書等のやり取りを伴い、これらの取引に関する事実を記録した文書（紙媒体および電子媒体を含む）が残されます。これらの文書は、会計処理の基礎となる事実を客観的に示すとともに、会計処理を開始するための出発点となります。このような文書を証憑と言います。

2. 会計処理

会計処理とは、取引の事実を踏まえ、会計処理のルールに基づいて判断し、その事実と判断結果を記録することです。具体的には、取引内容、発生時点、金額、取引相手先といった事実をもとに、以下のような判断を行います。

● 勘定科目の選択

- ●勘定科目ごとの計上金額
- ●時点の判断（どの事業年度に属するものか）
- ●属する会計区分　　　　　　　　　　　　　等

3. 伝票

　伝票とは、個々の取引の証憑が示す事実を整理し、どのような会計処理を行ったのか、その結果を記録する文書です。伝票には、事実誤認を防止するために根拠となる証憑が添付されており、上司の決裁を受けるための資料としても使用されます。

　例えば、請求書や領収書等の証憑をもとに、取引内容、発生時点、金額、取引相手先といった事実を把握し、それに基づいて会計処理を実施します。その結果を伝票に記録し、証憑とともに一体化させて整理・保管します。

　このように、伝票と根拠証憑をまとめて整理・保管することを「伝票編纂」と言います。伝票編纂は、一定のルールに従って体系的に行われるもので、会計処理の内容や根拠を後から容易に確認できるようにするための重要な作業です。

4. 帳簿

　帳簿は、法人が行うお金に関するすべての取引について、一定のルールに従い体系的・継続的に記録した文書です。通常、作成・承認された伝票の情報を集約して作成します。帳簿の情報をもとに、決算書が作成されます。

5. 決算書

　決算書は、すべての伝票を集約した帳簿のデータを勘定科目別に集計した結果です。この結果はストックとフローという分類で大きく2つに分かれます。

■ 伝票と帳簿のイメージ

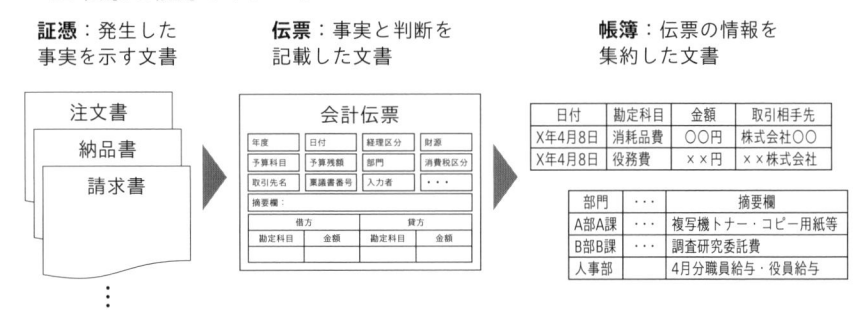

　ストックとは、ある時点でどのくらい残っているかを測る概念です。フローとは、一定期間の間にどのくらい発生したかを測る概念です。よく喩えられるのがお風呂の水です。お風呂に入れた水の量がフローで、お風呂のバスタブに溜まった水の量がストックに当たります。

■ ストックとフローのイメージ

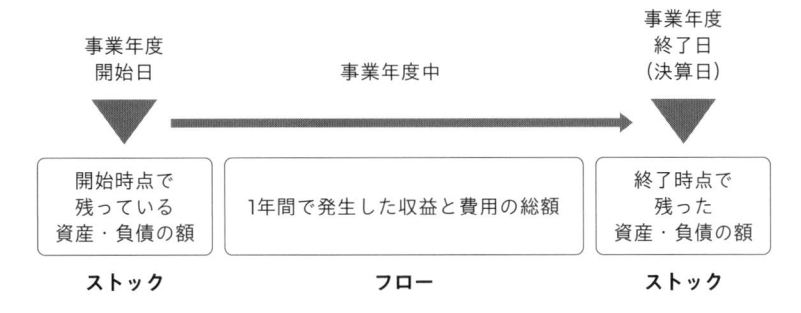

　会計上、ストックとフローはそもそも勘定科目が分かれています。フローに該当するのは収益と費用で、ストックに該当するのは資産と負債です。両者は異なる概念であるため、別々に集計して決算書を作成します。

　ストックの観点で整理した決算書が貸借対照表です。次のようなイメージです。

■ 貸借対照表のイメージ

貸借対照表（例）

X年3月31日現在

○○法人□□

（単位：円）

科　　　目	当年度	前年度	増　減
Ⅰ　資産の部			
1．流動資産			
現金預金	20,000,000	20,000,000	0
未収金	14,000,000	9,000,000	5,000,000
前払費用	2,000,000	1,000,000	1,000,000
流動資産合計	36,000,000	30,000,000	6,000,000
2．固定資産			
建物	40,000,000	42,000,000	△ 2,000,000
建物附属設備	4,000,000	6,000,000	△ 2,000,000
車両運搬具	1,000,000	2,000,000	△ 1,000,000
固定資産合計	45,000,000	50,000,000	△ 5,000,000
資産合計	81,000,000	80,000,000	1,000,000
Ⅱ　負債の部			
1．流動負債			
未払金	11,000,000	12,000,000	△ 1,000,000
預り金	10,000,000	18,000,000	△ 8,000,000
流動負債合計	21,000,000	30,000,000	△ 9,000,000
負債合計	21,000,000	30,000,000	△ 9,000,000
Ⅲ　正味財産の部			
1．一般正味財産	60,000,000	50,000,000	10,000,000
正味財産合計	60,000,000	50,000,000	10,000,000
負債及び正味財産合計	81,000,000	80,000,000	1,000,000

注：実際の様式は各法人制度における会計基準等で個別の定めがあります。

■ フローの決算書のイメージ

正味財産増減計算書

X年4月1日～X年3月31日

〇〇法人□□

（単位：円）

科　　目	当年度	前年度	増　減
I　一般正味財産増減の部			
1．経常増減の部			
（1）経常収益			
受取会費	10,000,000	9,000,000	1,000,000
事業収益	100,000,000	90,000,000	10,000,000
受取寄付金	20,000,000	15,000,000	5,000,000
受取補助金	40,000,000	45,000,000	△ 5,000,000
雑収入	2,000,000	1,000,000	1,000,000
経常収益計	172,000,000	160,000,000	12,000,000
（2）経常費用			
事業費用			
職員給与	78,000,000	69,000,000	9,000,000
職員賞与	15,000,000	14,000,000	1,000,000
法定福利費	20,000,000	19,000,000	1,000,000
旅費交通費	900,000	500,000	400,000
減価償却費	5,000,000	6,000,000	△ 1,000,000
管理費			
役員報酬	12,000,000	12,000,000	0
職員給与	20,000,000	18,000,000	2,000,000
法定福利費	5,000,000	5,000,000	0
旅費交通費	1,000,000	1,000,000	0
法定福利費	3,600,000	3,500,000	100,000
減価償却費	2,000,000	1,000,000	1,000,000
経常費用計	162,500,000	149,000,000	13,500,000
当期経常増減額	9,500,000	11,000,000	△ 1,500,000
2．経常外増減の部			
（1）経常外収益			
固定資産売却益	1,000,000	1,000,000	0
経常外収益計	1,000,000	1,000,000	0
（2）経常外費用			
固定資産売却損	500,000	0	500,000
経常外費用計	500,000	0	500,000
当期経常外増減額	500,000	1,000,000	△ 500,000
一般正味財産期首残高	50,000,000	38,000,000	12,000,000
一般正味財産期末残高	60,000,000	50,000,000	10,000,000
II　正味財産期末残高	60,000,000	50,000,000	10,000,000

注：実際の様式は各法人制度における会計基準等で個別の定めがあります。

■ フローの観点で作成した決算書の名称

法人制度	名称
株式会社	損益計算書
公益法人	正味財産増減計算書
社会福祉法人	事業活動計算書
学校法人	事業活動収支計算書
医療法人	損益計算書
NPO法人	活動計算書

　フローの観点で整理した決算書は、法人制度によって名称が異なります。株式会社では損益計算書と呼ばれるもので、非営利組織では正味財産増減計算書等の名称で呼ばれています。

　公益法人の正味財産増減計算書を参考に、フローの決算書のイメージを示すと、左のページの表のようになります。

　フローに関する決算書は、この他にも単式簿記を前提として、収入と支出を集計した決算書もあります。収益と費用、収入と支出の違いは次節で解説します。本書では主に、複式簿記を前提とし、収益と費用に関する決算書を取り上げます。

　本節で解説した貸借対照表と正味財産増減計算書等の他、会計処理の前提となる事項を説明する注記、勘定科目の金額の具体的な内訳を記載した附属明細等があります。これらをまとめて本書では決算書と呼びます。

6. 伝票が経理業務の基礎となる理由

　伝票作成には様々な利点があります。具体的には、伝票作成には4つの意義が挙げられます。

　1つ目は、事実を整理し、それをもとにどのような会計処理を行ったのかを記録に残す効果です。このような伝票の作成プロセスを経ることで、自ずと事実を踏まえて会計処理を行うようになり、感覚的に処理

するより精度の高い処理が期待できます。また、会計処理に迷った際に、過去の会計処理や他の担当者の会計処理を参考にすることも可能となり、継続的・組織的に業務を遂行することも可能となります。

　2つ目は、責任者がチェックする機会になることです。会計処理は通常、担当者による伝票の作成、責任者の決裁、確定（帳簿への反映）という流れになっています。責任者は、根拠証憑に照らして事実を確かめつつ、担当者の会計処理の是非を判断することが可能となります。

　3つ目は、対外的説明の根拠になることです。非営利組織で対外的説明が求められる機会は意外に多くあります。監督庁の指導・検査、税務署の税務調査、内部監査や大規模法人では会計監査もあります。このような機会に経理業務を適正に行っているかどうかが問われます。適切に行っていると容易に説明するためには、伝票で事実とそれに基づく判断とを整理して記載・保存しておく必要があります。

　4つ目は、証憑と会計処理とのつながりを示す鑑（表紙）の役割です。証憑を伝票と一体化して保管すれば、個々の証憑がどの会計処理と関係しているかを容易に把握できます。逆に言えば、証憑と伝票を一体化させず、証憑だけで保管してしまうと困ったことになります。例えば、タクシーの領収書のような証憑は、様々な補足情報をもとに会計処理の判断をしています。伝票と切り離すと途端に意味が失われ、どの会計処理と対応するのかわからなくなってしまいます。また、取引先からの問い合わせがあった際、「この会計処理の証憑はどこだ？」と探し回ることになり手間がかかります。伝票を作成することは文書管理にも役立つのです。

費用と支出の概念の違いと区別の必要性

　費用と支出は似ていますが、異なる概念です。費用とは、資産が減ったり負債が増えたりして経済的価値が減少した状態を指す概念です。そ

れに対して、支出とは実際にお金を支払った事実のことです。両者の主な違いについて例を挙げて説明します。

■ 費用と支出の違い

	経済的価値	認識するタイミング
費用	減少している	取引の発生時点
支出	減少するとは限らない	現金の支払時点、預金口座から出金した時点

1. 法人の運営状況の判断に資する

　費用と支出の区別は、法人の運営状況の判断をする上で重要となります。具体例で考えてみましょう。

　X年度（X年4月1日〜X＋1年3月31日）を100万円の収入予算で運営したとします。3月末までに100万円の予算をすべて使い切りました。ただし、10万円だけ支払いがX＋1年4月になった、とします。ここで、支出だけに注目して決算書を作成すると、収入100万円−支出90万円＝10万円利益、という内容になります。まるで10万円利益が出たように見えますが、実際には翌月に支払ってすぐになくなってしまうものです。これでは決算書を読む人をミスリードしてしまいます。このため、費用という概念を用いて発生時点で経済的価値の減少を認識すれば、収益100万円−費用100万円＝0という決算書になります。すると、決算書を読んだ人は「もう使えるお金は残っていないのだな」ということが読み取れます。

2. 資金運用による増減と見分けをつける

　費用と支出の区別は、資金運用との見分けをつける上でも重要です。

　例えば、資金運用として国債・地方債を購入した場合を考えてみます。この場合でも支出は生じますが、代わりに国債・地方債という経済的価値のある金融資産を取得しています。このような支出は、水道光熱

費や人件費等の経済的価値が減少する費用とは異なります。もしこの2つを区別せずに把握すると、法人の運営資金がどのくらい残っているかといった情報を適時に把握できず、法人運営に支障をきたす可能性があります。

収益と収入の概念の違いと区別の必要性

　収益とは、資産が増えたり負債が減ったりして経済的価値が増加した状態を指す概念です。それに対して、収入とは実際にお金をもらった事実のことです。

■ 収益と収入の違い

	経済的価値	認識のタイミング
収益	経済的価値が増加する	取引の発生時点
収入	増加するとは限らない	現金の受領時点、預金口座に入金した時点

　これらの区別をする必要性も費用と支出の違いと同じ考え方です。両者の主な違いについて例を挙げて説明します。

1. 法人の運営状況の判断に資する

　例として、清算型の補助金を考えてみましょう。事業年度中に発生した特定の費用10万円が補助対象となっており、当該金額がもらえることが確定しています。このため、年度末の決算作業中に必要書類を提出して補助金の請求を行いました。この場合、補助金の入金は翌事業年度になります。ここで、もし収入に限定して決算書を作成すると、収入0－支出10万円＝△10万円、となり赤字が発生したように見えます。しかし、実際には補助金の受取りが確定しているため、赤字ではありません。ここで、収益という概念を用いて収益10万円－費用10万円＝0、と

すると、法人の状況をより正確に理解することができます。

2. 資金調達による増減と見分けをつける

　次に、例として、寄附金と借入金を考えてみましょう。ある事業年度で、寄附金100万円を受け取りました。また、銀行から100万円を借り入れました。合計で200万円の収入があったことになります。確かに収入は200万円ですが、寄附金と借入金ではその性質が異なります。

　寄附金は、もらったお金がそのまま増えるため、経済的価値が増加します。一方、借入金はお金が増えても、同時に借金も増えるため、経済的価値は増減しません。このような場合、収入が200万円であることは正しいですが、収益として計上するのは寄附金の100万円のみです。寄附金は返済不要ですが、借入金は返済を考慮する必要があるため、両者を混同してはいけません。このような理由から、寄附金（収益）と借入金（収入）を区別して把握する必要があります。

▌ 借方と貸方

　非営利組織の会計は基本的に複式簿記です。複式簿記の特徴は、1つの取引を2つの側面から記帳する点にあります。つまり、ある取引について、同時に「借方（Debit）」と「貸方（Credit）」の両方に記帳します。例えば、寄附金を受け取った場合、収益（フロー）の発生とともに、現金預金（ストック）の増加を記録します。このため、寄附金を受け取るという1つの事象について、収益の発生と資産（現金預金）の増加を記帳することになります。これにより、すべての取引が二重に記録され、帳簿のバランスが保たれるため、複式簿記と呼ばれます。

　この際、複式簿記では取引を「借方（左側）」と「貸方（右側）」に分けて記録します。具体的には、資産の増加や費用の発生は借方に、負債の増加や収益の発生は貸方に記帳します。寄附金の例では、寄附金収益

の発生は貸方（右側）に記帳し、寄附により増加した現金預金は借方（左側）に記帳します。これにより、借方と貸方が常に一致するように記録されます。

■ 借方と貸方の記帳ルール

借方（Debit）	貸方（Credit）
資産の増加 負債の減少 収益の取消し 費用の発生	資産の減少 負債の増加 収益の発生 費用の取消し

区分経理

　区分経理とは、会計処理を事業やプロジェクト等の特定の単位に分けて行うことで、それぞれの財政状態や運営状況を詳細に把握できるようにする方法です。これにより、各事業等の損益や資産・負債の管理が容易になり、事業等ごとの財政状態や運営状況が明らかになります。

　具体的には、事業やプロジェクトごとに資産、負債、収益及び費用を管理し、部門別に一定水準の決算書を作成できる程度に細分化した管理を行います。区分経理の実施方法やその際の注意点等は、第Ⅲ部 **2** でさらに詳しく説明します。

会計処理のルールと会計基準

　会計処理が正しいかどうかは、会計処理のルールに照らして判断します。そもそもなぜ会計処理にルールが存在するかというと、各組織が思い思いに会計処理を行い、決算書を作成すると、組織ごとの比較ができなくなってしまうためです。例えば会社で言うと、他の会社より収益が高くても、何をもってして収益と計上しているのか、その数字を導き出

■ 会計処理のルール

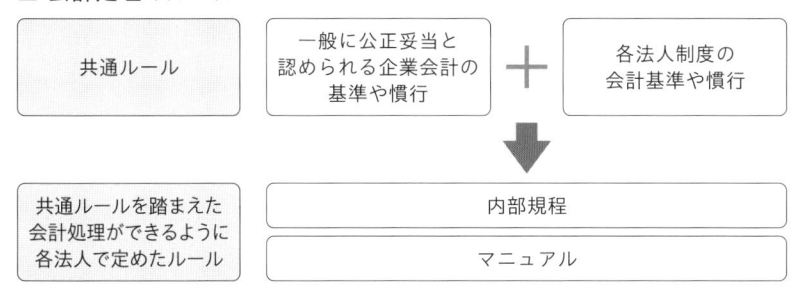

すための前提がわからないと、本当にほかの会社よりも業績がよいのか、決算書がその会社の状況を正しく表すことができなくなってしまいます。

ただし、すべての組織を単一のルールのみで縛ると、組織ごとの特徴を反映できなくなるため、会計処理のルールは上の図のような構造となっています。

共通ルールのうち、「一般に公正妥当と認められる企業会計の基準」とは、「企業会計原則」をはじめとする明文化された一般企業を対象とする会計基準です。また、慣行とは、明文化されていないものの、社会一般に適正と認められている会計処理の方法を指します。例えば、固定資産の耐用年数について、法人税法の定めを採用する場合があります。原則としては、個々の固定資産の耐用年数を見積もり設定する必要がありますが、法人税法の定めた耐用年数の一覧表を使用することが一般的な実務慣行として定着しています。

もう1つの共通ルールである各法人制度の会計基準や慣行とは、それぞれの法人制度の特徴を反映して独自に定められた基準や形成された慣行です。これらの基準等は、企業会計の基準や慣行をそのまま適用することが困難であるために各法人独自の会計処理が必要な場合のルールとなっています。各法人制度の会計基準に特段の定めがない部分については、企業会計の基準や慣行に従って会計処理を行います。

　この共通ルールに則った会計処理を行うために何をすべきかを具体化したルールが内部規程とマニュアルです。会計処理の方法は複数のやり方がある場合があります。このため、経理規程や会計規程といった内部規程で会計処理の方針（何をするか）を定め、マニュアルでその具体的な内容（どうするか）を定めるのが一般的です。

　ここで、「マニュアルを見れば会計処理のルールはすべてわかるのか」という疑問があるかもしれません。確かに、会計処理のルールには慣行として明文化されていないものも多く、初心者向けに丁寧に記載されているとは限りません。このため、マニュアルに書かれていないことについては、その都度担当者に質問したり、インターネットで検索したり、場合によっては会計の専門家に相談する必要があります。

　もしマニュアルが作成されていなかったり、その内容が不十分であったりする場合は、経理業務の取組体制に問題があります。小規模の非営利組織では、十分に手が回らない、担当者が1人で長期間担当するため必要性が低い等の理由で、マニュアルの作成が不十分な場合もあります。しかし、マニュアルで具体的な業務内容を定め、よくあるトラブルを防ぐ手順を組み込まないと、担当者によっては手順を遵守しなかったり、人事異動に伴い失われてしまったりします。ミス防止の取組みが組織的・継続的なものとなるように、マニュアルが不十分と感じたら、その充実化に取り組みましょう。

第Ⅱ部

一枚一枚が大切！
トラブルに直結する
経理ミスの予防

　Ⅱ部では、誤払いや二重払いなど、会計処理のミスが直ちにトラブルとなる事例を解説します。各事例には、伝票決裁時に注意すべきポイントを挙げています。伝票上で予兆を発見しにくいトラブルについては、予防効果が期待できる会計処理業務の取組方法を解説します。

1 誤払い

まさかのできごと

　ある日、経理担当者に取引先から電話がかかってきました。電話の内容は、先日委託業務を発注した国際〇〇連盟からで、先月払ったはずの代金がまだ入金していない、とのことです。担当者は支払処理を行った記憶があるので、「そんなはずはない」と思いながら、先月の伝票をめくって調べました。すると、大変なことに気がつきました。請求書は国際〇〇連盟からなのに、伝票上では国際〇〇協会となっています。誤って、よく似た名前の取引先に支払いを実行してしまったのです。

　慌てて、誤って支払った相手先に電話しました。すると、「この電話番号は現在使われておりません」というメッセージが流れます。会計システムに登録された情報は 20 年以上前の相当古いもののようです。インターネット検索でも連絡先が見つかりません。どうやらすでに解散している法人のようで、HP もありませんでした。困ってしまい、銀行に相談すると「顧客の個人情報は教えられない、相手先の了解がないと返金はできない」との回答でした。

　結局、相手先との連絡は取れず、誤払いしてしまったお金を取り戻すことはできませんでした。

誤払いとは

　会計実務では、支払先や金額を誤って支払ってしまい、回収できずに損失が生じることがあります。例として紹介したエピソードは、実際の事例をもとに作成したものです。

　詳細に説明すると、よく似た名前の振込先が会計システムに登録されており、担当者が登録済支払先を選択するプルダウンメニューで、誤った振込先を選択したことが原因でした。請求書では正しく「国際○○連盟」という法人名が記載されていましたが、支払処理を行う文書である伝票上では「国際○○協会」となっていました。末尾の2文字以外はすべて同じ名称で確かに紛らわしいのですが、5人もチェックしたのに誰も気がつかず、誤払いを防止することができませんでした。

　このエピソードの教訓は、「担当者がきちんと入力しているはずだから、自分は見なくても大丈夫」と考えるのは危険だということです。上司は「あなたも承認しているでしょう」と、その責任を追及されてしまいます。伝票決裁は、見るべきポイントを理解した上で、担当者が間違える可能性があることを前提にした姿勢で臨むべきです。

■ 誤振込のイメージ

支払伝票				
押印欄				
A課長	B出納係長	C出納担当者	D契約係長	E契約係員

日付	勘定科目	金額
○年○月○日	委託費	○○円
件名	財源	相手先
□□・△△調査等	○○事業費	国際○○協会
・・・	・・・	・・・

請求書

○年○月○日
国際○○連盟

内訳	金額
□□調査	XX
△△調査	XX
・・・	
合計	○○円

それでは、誤払い防止のために伝票の何を見ればよいのでしょうか。誤払いにはいくつかのパターンがあります。次の表では、報道で取り上げられた誤払いの代表的な例を挙げています。これらの事例を見ると、No.1 と No.2 のように支払相手先（法人・個人）を誤るケース、No.3 のように金額を誤るケースがあります。この観点でそれぞれの対応策を解説します。

■ 新聞報道等で公表された事例

No.	時期	事例の概要
1	2003年 損害保険会社	交通事故被害者に保険金を支払うべきところ、損害保険会社が誤って加害者に保険金を支払ってしまった事例。
2	2018～2022年 山口県の地方公共団体の事例	2018～2022年にかけて8回にわたり、同姓同名の人物に誤って謝金を送金してしまった事例。
3	2014年 クレジットカード会社	クレジットカード利用者が延滞金約2万円を誤って300万円を送金、クレジットカード社が返金する際、桁を間違えて約3千万円を誤払いした事例。

支払相手先誤り（相手が法人の場合）防止の対応のポイント

伝票決裁の際には、類似した法人名称に注意してください。思い込みを避けるため、正式な法人名、支払口座の名義や口座番号が正しいことを確認しましょう。

この確認には、客観的な根拠となる証憑が必要です。支払時には必ず請求書を受け取り、その内容が伝票の記載と一致することを確かめましょう。家賃等の例外を除き、支払伝票に請求書が添付されていない場合は、その理由を担当者に必ず確認してください。

支払相手先誤り（相手が個人の場合）防止の対応のポイント

1. 氏名以外の情報との照合

　支払相手が個人の場合でも、伝票決裁において伝票と添付の根拠資料とを照合するという基本動作は同じです。ただし、個人は同姓同名が存在するケースが頻繁にあるため、さらなる工夫が必要です。

　具体的には、伝票決裁時に氏名以外の情報でも個人を特定することです。例えば、病院で処置を受ける際に「お名前と生年月日を教えてください」と言われることがあります。これは確認項目に氏名以外の要素を含めることで、同姓同名の患者の取り違えを防止する取組みです。誤払い防止についても同様の取組みが必要です。

　個人を特定するための氏名以外の情報として、一般的には、事前に支払対象の個人に固有で重複のない番号を付与し、その番号と照合します。

2. 個人への支払いに必要な情報の登録と照合

　氏名以外の情報を登録して管理番号を付すことについて、さらに解説します。例えば、シンポジウムやイベントで講演してもらった有識者に謝金を支払うケースを考えてみましょう。

〈個人への支払いの手順例〉
- ● 手順1：事前に有識者本人に支払いに必要な書類（ここでは「支払口座登録申請書」）を記入してもらう。
- ● 手順2：経理部門が支払口座登録申請書をもとに会計システムに必要な情報を登録する。氏名、支払口座名義や口座番号の他に、必要に応じて住所・電話番号や所属組織等も登録する。この際、個人ごとに固有で重複のない番号を割り当てる。

- 手順3：実際に講演を行った後、イベントの担当者がその旨を経理部門に文書（支払依頼書）で依頼する。文書には、講演内容や日時、講演者の個人番号と氏名、謝金の支払金額等の個別の支払いに必要な情報を記載する。
- 手順4：経理部門の担当者が支払依頼書をもとに伝票を作成する。この際、個人番号等をもとに会計システムに登録された相手先を選択し、支払口座名義や口座番号、氏名等が一致することを確かめた上で、支払いのための伝票を作成する。
- 手順5：伝票決裁者は、伝票と支払依頼書を照合し、個人番号や氏名等が一致することを確認する。

　以上のような流れで、伝票決裁時には氏名だけでなく、支払相手の個人番号とも照合できるようにしましょう。参考に、会計システムや会計ソフトに実装されている支払相手先登録機能のイメージを示します。

■ 会計システムから個人への支払口座情報を選択するイメージ

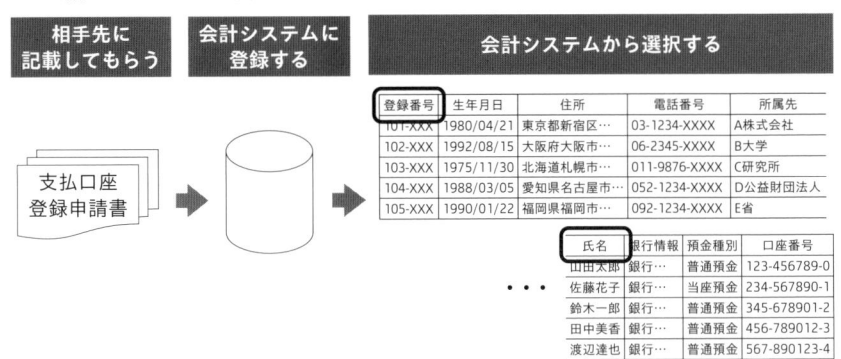

　個人への支払額に関する伝票決裁時に、氏名以外の情報と照合するためには、氏名以外の情報が伝票とその添付資料に記載されている必要があります。このような適切なチェックができる環境を整えることがまず

重要です。

　しかし、個人への支払いが非常にまれである場合には、このような業務の流れを構築できないかもしれません。このような場合には、同姓同名の存在を念頭に、氏名以外に住所や所属組織等複数の情報について、伝票と根拠証憑との整合性を確認しましょう。

3. 登録情報のレイアウトの工夫

　支払相手先の一覧表にも工夫が必要です。

- 望ましい例：氏名を表の後ろに表示し、生年月日や所属等他の情報を前に表示する。これにより、自然に氏名以外の情報も目に入りやすくなる。
- 避けたい例：氏名が一番前に表示されると、氏名だけを見て正しいと思い込む可能性がある。

■ 個人の取り違え防止のレイアウトの工夫

望ましい例

登録番号	生年月日	住所	電話番号	所属先	氏名	銀行情報	預金種別	口座番号
101-XXX	1980/04/21	東京都新宿区…	03-1234-XXXX	A株式会社	山田太郎	MS銀行…	普通預金	123-456789-0
102-XXX	1992/08/15	大阪府大阪市…	06-2345-XXXX	B大学	佐藤花子	MZ銀行…	当座預金	234-567890-1
103-XXX	1975/11/30	北海道札幌市…	011-9876-XXXX	C研究所	鈴木一郎	MU銀行…	普通預金	345-678901-2
104-XXX	1988/03/05	愛知県名古屋市…	052-1234-XXXX	D公益財団法人	田中美香	RK銀行…	普通預金	456-789012-3
105-XXX	1990/01/22	福岡県福岡市…	092-1234-XXXX	E省	渡辺達也	YC銀行…	普通預金	567-890123-4

避けたい例

氏名	登録番号	生年月日	住所	電話番号	所属先	銀行情報	預金種別	口座番号
山田太郎	101-XXX	1980/04/21	東京都新宿区…	03-1234-XXXX	A株式会社	MS銀行…	普通預金	123-456789-0
佐藤花子	102-XXX	1992/08/15	大阪府大阪市…	06-2345-XXXX	B大学	MZ銀行…	当座預金	234-567890-1
鈴木一郎	103-XXX	1975/11/30	北海道札幌市…	011-9876-XXXX	C研究所	MU銀行…	普通預金	345-678901-2
田中美香	104-XXX	1988/03/05	愛知県名古屋市…	052-1234-XXXX	D公益財団法人	RK銀行…	普通預金	456-789012-3
渡辺達也	105-XXX	1990/01/22	福岡県福岡市…	092-1234-XXXX	E省	YC銀行…	普通預金	567-890123-4

　支払相手先の取り違えを防ぐために、自然にミス防止に貢献できる仕組みを取り入れましょう。

桁数間違い等金額誤り防止の対応のポイント

　次は、桁数の入力間違いです。特に手作業が介在するときに起こりやすく、被害額が一気に膨れ上がるため要注意です。その他にも、桁ごとの数値の順番が入れ替わる等のミスもよくあります。

1. 担当者間のダブルチェック

　よくある入力ミスとして、0を余分に入力してしまう桁数間違いがあります。類似のミスとして、隣り合う数値の順番を間違えて入力してしまう順番間違いもあります。多くの場合、入力者本人には正しい数値に見えてしまうため、別の担当者による根拠証憑と伝票入力結果のダブルチェックがミス防止の基本です。上司としては、まずダブルチェックがなされているかを確認することが重要です。

　もし経理担当者が1人しかおらず、ダブルチェックができない場合は、上司が自ら慎重にチェックするしかありません。通常、根拠証憑と金額は一致するはずですので、よくある間違いを念頭に置いて伝票に入力された数値と根拠証憑を照合しましょう。具体的には、0が多く並んでいる項目（桁数間違いの可能性）や、異なる数で構成されている項目（順番間違いの可能性）に注目するとよいでしょう。

2. 予算管理

　桁数間違い防止の方法として、予算残高との照合があります。非営利組織では収入が限られているため、年間の支出を予算項目別に管理し、各支出予算項目の残高を定期的にチェックして予算不足に陥らないようにしています。これを一般的に予算統制と言います。

　予算残高が伝票に表示される場合、もし多額の桁数間違いが発生すれば、予算残高と照らし合わせることで過大な支出が生じていることに気づくことができます。そうでない場合には、個別の伝票決裁時には気づ

かないかもしれませんが、支払実行前に支払金額の合計と予算計画上の月次支出予定額を照合することが効果的です。桁数を増やしてしまった場合には、異常に気づく可能性が高くなります。

3. 自動化

　入力ミスは特に手作業が介在するときに起こりやすいため、入力件数が多い場合は自動処理が望ましいです。例えば、発注を情報システムで実施し、支払いまで同じデータを一貫して利用することで、支払伝票作成時に手入力する必要がなくなります。丁寧にチェックしても手入力によるミスが頻発する場合には、自動化を検討してみてください。

4. 個人でできるミス防止の方法

　人間の錯覚による入力ミスは別人によるチェックが基本ですが、個人でもできることがあります。具体的には、注意力を高め、維持することです。

　例えば、伝票作成時には他の作業を同時並行せずに作成またはセルフチェック作業に専念する、入力結果を一晩置いてから再度見直す、発注書・請求書・納品書等の複数の証憑間での整合性を確認する等の方法があります。

ま と め

〈相手先を誤る場合〉

●伝票に記載された相手先名称や支払口座について、請求書等の根拠証憑と照合する。

●相手が個人の場合、氏名に加えてその他の情報（法人内で割り当てた個人番号、住所や所属組織等その他の情報）とも照合して相手先を確かめる。

〈金額を誤る場合〉

●桁数間違いや金額の各桁の数値の順番間違いがないか、請求書等の根拠証憑と金額の整合性を確かめる。

●担当者間でのダブルチェックの仕組みを設け、ダブルチェックが漏れなく行われていることを上司が確かめる。

●予算残額に照らして、過大な支出になっていないかを確かめる。

●自動化する。

●チェックの際には、他の作業と同時並行せずに集中する、時間を空けてから見直す等注意力を高め、維持する工夫をする。

2 二重払い

まさかのできごと

　ある日、「もらった代金が本来の金額よりも多くなっているのではないか」という問い合わせがありました。担当者は、最初、単なる個別のミスかと思いました。しかし、続けざまに同様の問い合わせが複数寄せられると、何か大きな誤りがあったことを察します。次々と鳴り響く電話に応対しながら、経理担当者はなんとか帳簿や銀行口座の入出金記録を確認しました。

　結果、明らかになったのは、インターネットバンキングの操作中に発生した誤操作でした。支払依頼時にエラーが生じたため、再送信したところ、銀行に対して同じ支払依頼が2回送信されてしまったのです。この結果、100件にも及ぶ取引先に対して本来の2倍の金額が振り込まれてしまったのです。

　経理部門は直ちに二重払いした資金の回収に迫られました。100件もの取引先に対して事情説明とともに返金の協力を求める、という膨大な時間と労力が必要な作業です。取引先の中には返金手続に協力的でない場合もあり、さらなる労力と時間を費やします。迅速な返金を求めなければ回収が困難になるかもしれない一方で、取引先との関係をこじらせないためには慎重な対応も必要であり、ジレンマに陥ります。

　さらに、経理部はこのトラブル対応に全力を注ぐ必要があったため、通常業務にも支障をきたすことになりました。部署は本来の業務を行うための人員しか配置されていないからです。職員は休日返上で対応に当たることになりました。

二重払いとは

二重払いとは、本来一度だけ支払うべき金額を複数回支払ってしまうことです。必ずしも返金してもらえるとは限らず、損失が発生する可能性があります。

二重払いについては、全国で注目された有名な事案があります。2022年4月、山口県の地方公共団体で、本来であれば10万円を支給するところ、誤って1名の住民に463世帯分の4,630万円を振り込んでしまう事件が発生しました。これは二重払いというよりは1名への多重払いと言えるかもしれません。さらに、この預金がネットカジノで使われ、一時は回収が危ぶまれたことから全国的に報道され、印象に残る事案となりました。

この他、2016年に宮城県の地方公共団体で会計課の担当職員がパソコン操作を誤り、金融機関への振込データを2回送信してしまい、工事代金や委員報酬等の各種支払い305件分、約1億2,600万円を二重払いするという事件がありました。

このような事案は氷山の一角であり、本当はもっと多くの事例があるはずです。二重払いは会計実務ではよくあるトラブルであり、どのような組織でも起こり得ます。自分には関係ないと思うのは危険です。

公表情報や報道を見ていると、大きく2つのパターンが見られます。1つ目は、個々の伝票を2回作成してしまうパターンです。2つ目は、銀行口座への送金処理を2回実施してしまうパターンです。

次に、これら代表的な2つのパターン別に、伝票チェックで事前に察知し防止するための観点を見ていきます。

支払伝票二重作成防止の対応のポイント

支払伝票を二重に作成してしまうと、本来支払うべき金額の2倍を支

払ってしまうことになります。そんなことは起こらないと思うかもしれませんが、次のような原因で発生することがあります。

1. 根拠証憑のコピーによる重複

注意すべき点は、添付された根拠証憑が原本かどうかです。紙での業務処理の場合、必ず請求書等の原本を伝票に添付することが基本です。コピーを使用すると、伝票を複数作成するミスが発生しやすく、二重払いの原因になるおそれがあります。例えば、請求書のコピーを見て未処理と勘違いし、担当者が支払伝票を2回作成してしまうトラブルがよくあります。伝票決裁時にコピーが添付されている場合は、その理由を担当者に確認しましょう。

電子データが原本の場合は、ステータス（作業状況）管理が必要です。文書管理システムを用いたり、フォルダ名やファイル名の工夫等により、支払済みと未処理のデータを見分けられるようにステータス管理を工夫しましょう。

2. 会計システム等の伝票コピー機能

会計システムや会計ソフトには、他の伝票の情報をコピーして作成できる機能が実装されていることがあります。このコピー機能を利用すると、誤って余分な伝票を作成し、支払処理の対象に含まれてしまう場合があります。

伝票チェックの観点としては、似たような伝票を決裁したことがないか、既視感があるかどうかを確認することです。ただし、取引の量が多い場合、感覚的なチェックだけでは防止が困難です。この対策としては、個別伝票を見るのではなく、決裁済みの伝票のリストまたは帳簿を確認する方が有効です。

このミスの特徴は、リストや帳簿上で見るとわかりやすい点にあります。日付、勘定科目、金額、摘要欄等の項目が全く同じか、極めて類似

したものがすぐ近くに並んでいることが多いです。日付や金額が類似しているため、並び替えた際に近くに表示されます。木を見るだけでなく、森も見るつもりで、重複がないかをチェックしましょう。

3. 複数部署の連絡ミス

　2つの部署が共同で1つの発注を行い、それぞれの部署で支払伝票を作成する場合があります。この際、お互いが代表して支払うと勘違いし、それぞれが全額の支払伝票を作成してしまい、支払額が2倍になるトラブルがあります。

　このケースでも、2. と同様に、帳簿から重複する項目をチェックする対応策が有効です。しかし、この場合は部署・担当者が異なるため、部署名や予算科目、摘要欄の記載が異なることが多く、個別の伝票決裁や帳簿の通読だけでは気づかない可能性があります。このため、チェック以外の予防策が必要です。

　伝票チェック以外の対策として、複数部署が予算を出し合って共同で発注する際には、事前に調整して部署ごとに請求書を分けて送付してもらうことが有効です。それが難しい場合には、複数部署共同発注であることがわかるように摘要欄にメモを残したり、可能なら会計システムのフラグ機能を利用したりする方法が考えられます。このようにチェックすべき項目を明示することで、伝票決裁時のチェック機能が有効になります。

　また、複数部署での共同発注時の伝票作成方法について文書でルール化し、周知しておくことも重要です。

4. 債権債務相殺

　法人が支払先に対して債務だけでなく債権がある場合、相殺後の金額で支払いを行うことがあります。相殺後の支払額がゼロ円の場合、支払処理が漏れていると勘違いして支払いを行ってしまうことがあります。

また、相殺後の支払いがあることを担当者が知らずに、通常の支払処理を重ねて実施し、二重払いとなることもあります。

　根本的な対策としては、相殺後の金額を記載した請求書を受け取るようにすることです。それができない場合のチェックの観点として、予め相殺支払いを行う相手先をリストアップし、相殺なしの支払伝票に相殺済みの金額が含まれていないか確認することが重要です。

　この前提として、相殺あり支払いと相殺なし支払いの伝票を区別して把握できるようにする必要があります。おそらく相殺ありの方が少数でしょうから、相殺払いであることがわかるように摘要欄にメモを残したり、会計システムのフラグ機能を利用したりして、相殺ありの支払伝票を集計できるようにしましょう。

▌二重送金処理防止の対応のポイント

　法人の支払処理は、請求書が届く都度ではなく、月に1～2回程度の頻度でまとめて実施するのが一般的です。つまり、1か月分～半月分の請求書をまとめて支払っているということです。

　もしも、銀行口座への送金処理時に送金ボタンを2回クリックしてしまうと、すべての支払額が2倍になることになります。これにより、支払伝票二重作成のケースと比べてはるかに多額かつ複数の相手先への二重払いが生じます。この場合、金額が大きくなるだけでなく、多くの送金先に連絡して返金をお願いしなければならず、回収が困難になるおそれが高くなります。具体的には、次のようなパターンがあります。

パターン	概要
①エラーと勘違いして二重にデータ送信してしまう	・インターネットバンキングで送金処理をした際にエラーが発生し、再度送信したところ結果的にデータが二重になってしまう。 ・パソコンから口座振込データを送信した際、プリンターの電源を入れ忘れたため送信結果が印刷されず、エラーと勘違いして支払データを再送信してしまう。
②過去のデータが消えていない	・前月分の支払データなど過去のデータを消し忘れた状態で、新たに当月分の支払データを作成・送信してしまう。
③担当者間の処理済み／未処理の思い違い	・支払処理の担当者が休暇を取るなどで不在となった際、送信処理が未実施のままと勘違いした別の担当者が再度送金処理を実施してしまう。
④DVD等の媒体を2つ銀行に渡してしまう	・DVDなどの媒体に支払データを格納して銀行に提出する際、同じ媒体を2回渡してしまう。 ・誤って前月分の媒体も渡してしまい、前月分が二重払いになってしまう。

　これらのパターンは伝票チェック後のプロセスで発生するため、伝票決裁のみで完全に防ぐことは難しいところです。このため、次に伝票決裁後のプロセスに焦点を当て、責任者として確認すべき重要なポイントについて説明します。

■ 支払データをチェックするプロセス

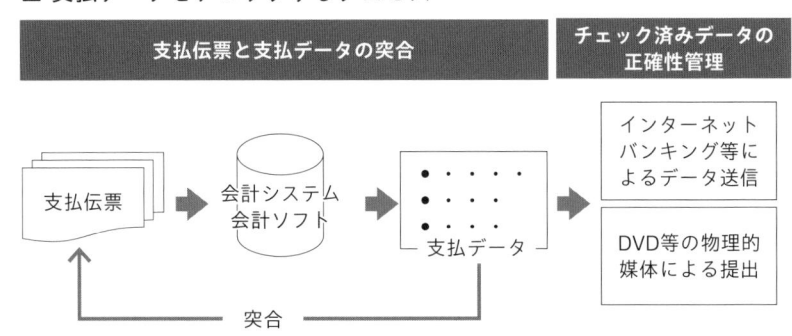

　左下の図は、支払データをチェックするプロセスのイメージです。大きく2つのプロセスがあり、1つ目は「支払伝票と支払データの突合」であり、データの正確性を確認するものです。2つ目は「チェック済データの管理」で、銀行への送信前にデータが改変されたり重複したりしないようにします。

1. 決裁済支払伝票と支払データの突合

　支払データの各項目には、対応する決裁済支払伝票が存在します。支払前に支払データをリストアップし、伝票と一致するかを網羅的に確かめます。また、支払件数や金額の整合性も確認し、前月のデータが残っていないか、不要なデータが含まれていないかも確かめます。経理責任者は、支払データを銀行に送信する前に支払伝票との整合性チェックが完了しているかを確かめましょう。この過程で、過去のデータの消し忘れ等が発見できます。

2. チェック済データの正確性管理

　インターネットバンキングを利用している場合、操作エラーに注意が必要です。会計システム等で作成した支払データをインターネット経由で送信する際、エラー画面が表示された場合には、送信が完了していないと思い込まず、慎重に確認する必要があります。担当者は個人で処理せず、上司に相談し、銀行側に確認する等対応しましょう。

　物理的媒体を銀行に提出する場合は、媒体の内容と媒体そのものの2点に注意が必要です。媒体の内容については、前月データ等の重複がないかを担当者同士でダブルチェックし、そのダブルチェックを経理責任者が確認するか、自らチェックしましょう。媒体そのものの管理については、前月分等が混在しないように該当月や処理済みを示すラベルを貼り、台帳でいつ、どの媒体を銀行に手渡したかを記録しておくとよいです。責任者のチェックポイントとして、媒体のラベルや台帳で重複の有無を確認します。

まとめ

〈支払伝票の重複防止の対応策〉

- 紙証憑の原本管理、電子データ証憑のステータス管理の仕組みを整え、原本かどうかや、支払処理状況ステータスを確かめる。
- 似たような伝票を決裁したことがないか、既視感に注意する。
- 帳簿を日付、勘定科目、金額、摘要欄等の諸項目でソートし、同じか極めて類似する項目がないかを確かめる。
- 複数部署での共同発注や債権債務相殺等、支払重複の懸念が高い項目をリストアップし、重複がないかを確かめる。

〈支払処理の重複防止の対応策〉

- 支払データの金額や件数について、対応する支払伝票と突合し、漏れや重複、前月データの消し忘れがないことを確認する。
- インターネットバンキングによる支払処理でエラーが表示された場合、実際には送信済みとなっていないか、慎重に確認する。
- DVD 等の媒体を銀行に提出する場合、媒体の中身の重複を確認する。また、ラベル添付や台帳管理により媒体そのものの重複提出を防止する。

コラム　支払分掌体制

　職務分掌とは、不正やミスを防止するために、複数人で業務を分担し、単独では業務を完結できないようにすることです。特に支払業務は慎重に処理する必要があるため、職務分掌を取り入れることで、慎重な処理が可能となります。

　例えば、インターネットバンキングの利用を前提とした職場を考えてみましょう。担当者、係長、課長の3人がいる職場を想定します。この3人で支払処理を分掌する場合、次のようなイメージが考えられます。

■ 支払業務の分掌のイメージ

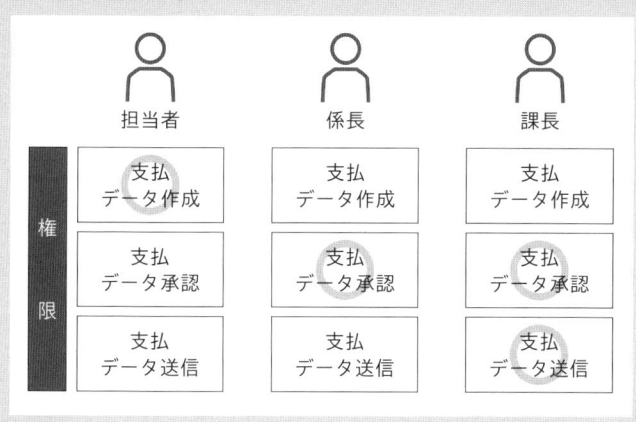

　インターネットバンキングでは、システム上の操作権限をユーザーごとに細かく設定することが可能です。

- ●送金データ作成者：データ作成のみ可能で、銀行へデータ送信等はできない。
- ●支払データのチェック者：チェックして承認することのみ可能で、データ作成と銀行へ送信はできない。
- ●送信者：一般的には伝票決裁者がこの役割を果たし、支払データの最終的な承認と送信ができる権限を持つ。

　このように支払業務を分掌しておくことで、支払前に自然にチェック機能が発揮されます。さらに、サイバーセキュリティの一環として、外部からの不正アクセスによる預金窃盗リスクを抑制する効果もあります。もしもまだ実施していないのであれば、導入を検討してみてください。

まさかのできごと

　　ある日、経理担当者に1本の電話がありました。内容は、過年度の誤払いが発覚したので、返金してほしいとのことでした。調べてみると、確かにちょうど1年前にその電話があった法人との取引がある部署を見つけました。該当部署に問い合わせてみると、確かに本来もらうべき金額の2倍の金額をもらっていることがわかりました。しかし、その部署では誤入金に気がつかず、すでに誤入金分は使ってしまったとのことでした。

　　法人の予算管理責任者は、返金のための資金をどうにか確保する必要があり、すぐさま今年度の予算を見直しました。想定外の支出のため、何か他の項目から資金を削減しなければなりません。検討の末、返金に必要な資金を捻出するためには、他の事業計画の一部を延期または規模縮小するしかないという結論に達しました。これにより、該当部署で計画されていたプロジェクトの遅延が不可避となり、その影響は部署の目標達成にも影響を及ぼすこととなりました。

誤入金とは

　誤払いや二重払いとは逆に、相手のミス等により受け取る理由がないにもかかわらずお金をもらってしまう場合を考えます。「民法」第703条 **■条文** では、「法律上の原因なく他人の財産または労務によって利益を受け、このために他人に損失を及ぼした」場合、その利益を不当利得として返還すべき義務が定められています。誤振込等で得たお金が不当利得に該当する場合、その誤振込額は返還しなければなりません。

　もし、この誤入金で得たお金を臨時収入と勘違いし、予定外の追加支出をしてしまった場合、法人に損失が生じる可能性があります。

誤入金の誤使用防止の対応のポイント

　基本は債権管理と予算管理です。

1. 債権管理

　債権管理とは、収入が発生する事象が生じた場合に、まず債権を資産として計上し、入金時点でその債権に照らして入金額が適切であることを確認したり、債権のもらい忘れを防止したりする仕組みです。この仕組みがあれば、理由のない誤入金を容易に見分けることができます。また、もらい忘れを防止する機能も期待できます。

　小規模で簡易な事務処理をしている場合、収入が発生する事象が生じても事前に債権計上せず、入金時点で処理することがあるかもしれません。しかし、相手が誤払いして過大入金された場合、収入額が増えたと勘違いして誤ってそのお金を使ってしまうというトラブルを防止できないおそれがあります。

　厳格な管理が求められる公的機関では、収入が発生する事象が生じた場合には、まず債権を計上します。煩雑かもしれませんが、債権管理は

経理の基本の1つなので、しっかり取り組むことが重要です。

　伝票決裁時に見るべきポイントは、計上された債権と照らしてもらうべきものか、金額が正しいかという点です。伝票と債権管理簿とを照合しましょう。

〈債権管理の流れ〉
- 手順1：収入が生じる事象が発生した際に、相手先、その収入額、入金予定日等の情報を債権管理簿に記録する。
- 手順2：入金があった場合には、その入金額と予め記録してある債権額を照合し、受け取るべき理由があることを確認する。
- 手順3：入金済みであることを記録する。
- 手順4：定期的に債権管理簿を閲覧し、入金予定日を過ぎて未入金となっているものがないかを確認する。未入金のものがある場合には、支払いを督促する等の債権回収を行う。

■ 債権管理のイメージ

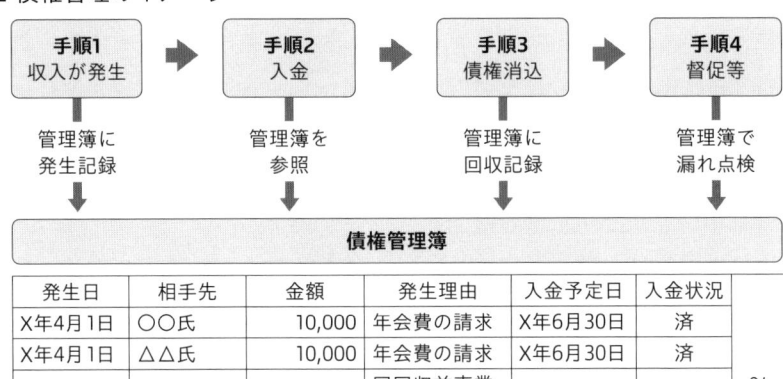

発生日	相手先	金額	発生理由	入金予定日	入金状況
X年4月1日	○○氏	10,000	年会費の請求	X年6月30日	済
X年4月1日	△△氏	10,000	年会費の請求	X年6月30日	済
X年6月1日	××商事	500,000	□□収益事業の対価	X年7月31日	未
X年7月1日	○○市役所	1,000,000	○○補助金等の認可	X年7月31日	未
～	～	～	～	～	～

2. 収入予算管理の仕組み

収入予算管理は、事業、部署、財源別等の一定の単位ごとに、月・年間の収入額の見込みを立て、見込み通りの収入が実際に生じているかを確かめる仕組みです。例えば、毎月の収入額が1,000万円程度と見込んでいる法人であれば、毎月の収入実績額を把握し、予算と比較して計画通りに運営できているかを確認します。もし収入予算額の2倍の2,000万円を超えるような収入が生じた場合、それを異常値として問題を把握できるはずです。

収入予算管理の仕組みは、非営利組織の中でも自主財源で運営される法人に多く見られます。例えば、診療報酬で運営する病院等が挙げられます。診療報酬は、外部要因により必ずしも見込み通りの収入が生じないことも起こり得ます。このような場合には法人の運営計画の変更が必要になるかもしれません。このため、収入が見込み通りに生じているかを定期的に確認する必要があるのです。

■ 収入予算管理のイメージ

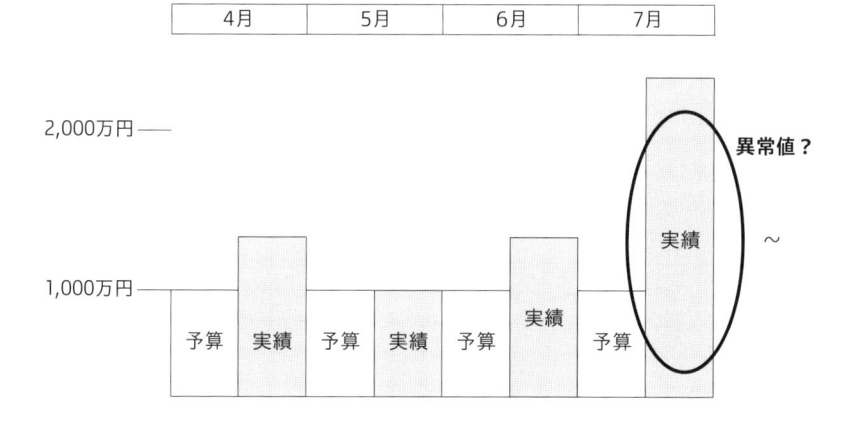

3. 支出予算管理の仕組み

　自主財源で運営される非営利組織がある一方で、国や地方公共団体からの補助金等の財源措置を受けて運営される法人もあります。このような法人では、年間の収入額が固定されており、収入額を管理するよりも、収入の範囲内で支出を行い、収入を超えた支出を防止することに重きが置かれます。

　次の表を見ると、事業名称ごとに予算科目（例えば、設備備品費や人件費等）の金額を設定し、常に残額がいくら残っているかがわかるようになっています。これは収入ではなく支出に注目していますが、誤入金を臨時収入と誤解して過大にお金を使ってしまうことを防止する仕組みにもなります。常に想定された予算額の範囲内で支出を計画し、実行するからです。

■ 支出予算管理のイメージ

事業名／科目	A事業費			B事業費		
	①予算	②実績	①－②予算残額	①予算	②実績	①－②予算残額
設備備品費	10,000	9,000	1,000	20,000	18,000	2,000
人件費	10,000	5,000	5,000	30,000	15,000	15,000
旅費	500	350	150	1,000	800	200
委託費	2,000	1,000	1,000	5,000	3,500	1,500
合計	22,500	15,350	7,150	56,000	37,300	18,700

　非営利組織では、この点を徹底するために、発注を会計システムで一元管理し、予算残額を超えた発注ができないように制御している場合があります。

　ここまで、収入と支出の面から予算管理の仕組みを見てきました。誤入金による過大な予算執行を防止するためには、債権管理の仕組みに加えて予算管理も有効です。入金の伝票については、入金額と予算額の整合性に注意しましょう。

　予算管理が適切であれば、誤入金があったとしても、収入・支出予算額と照らして異常値に気づくことができます。この意味でも、予算管理が適切になされていることが重要です。

まとめ

● 入金は債権管理簿と照合し、もらうべき理由があるか、金額が正しいか等を確かめる。
● 収入予算額と照らして、説明できないほどの過大な入金がないか確かめる。
● 支出予算管理の仕組みにより、予算項目ごとに一定額以上の支出に制限を設ける。

本章と関係する法律条文・資料抜粋

「民法」（明治 29 年法律第 89 号）

第四章　不当利得

（不当利得の返還義務）

第 703 条　法律上の原因なく他人の財産又は労務によって利益を受け、そのために他人に損失を及ぼした者（以下この章において「受益者」という。）は、その利益の存する限度において、これを返還する義務を負う。

4 倒産等による取引先の債務不履行

まさかのできごと

　あるトラブルは、取引先からの予期せぬ要求によって始まりました。取引先は「先日注文があった物品が、どうしても3月末の納期に間に合わない」という状況を伝え、さらに「後で必ず納品するので、代金は先にお支払いをいただきたい」と提案しました。取引先が説明した理由は、仕入先の物流障害によるもので、「予定していた輸送手段が利用できなくなったため、代金を先にいただければ、代替輸送手段を手配する」とのことでした。彼らは追加の輸送費用は自己負担すると約束し、遅くとも4月中には納品すると保証しました。

　しかし、取引先の提案には不透明な部分が多く、その真意や信頼性を確認するための具体的な証拠や保証は提供されませんでした。にもかかわらず、担当者は3月末までに予算を執行しなければ財務部門との再折衝が必要になると考え、手間を避けるために取引先の言葉を信じ、架空の納品書を受領し支払処理を申請しました。

　この決定が重大な結果を招くことになります。取引先からの連絡が途絶え、数週間後には取引先が倒産したとの通知が届きました。この時点で、担当者は自分の判断の甘さを認識しました。しかし、支払った代金は回収不能となり、納品されるはずだった物品も受け取ることはできませんでした。

倒産等による取引先の債務不履行とは

　本来は発注した商品やサービスの履行完了後に支払いを実行すべきところ、履行前に支払いを行ってしまうことで損失が生じることがあります。相手の倒産等により、発注した商品やサービスが提供されず、泣き寝入りになってしまうことがあるためです。

　本章では、このように誤って未履行の債務に対して支払いを行ってしまうケースを取り上げます。ただし、保険のように前払いが一般的な取引は除きます。

倒産等による取引先の債務不履行防止の対応のポイント

　このようなリスクを防止するための伝票チェックの観点は、支払前に支払対価に相当する物品の納品や役務の完了を確認することです。具体的には、伝票と納品書・検収書等との整合性を確認することが重要です。

1. 納品書・検収書等との突合

　発注した商品やサービスが適切に提供され、発注相手が対価に対応する義務を果たしたかどうかを確認する手段が納品書や検収書等です。

　経理が初めてなら、支払いは請求書によって行うものというイメージがあるかもしれません。筆者も実務に関与する前はそのようなイメージを持っていました。請求書がないと支払金額と支払先口座名がわからないので、支払いには請求書が必要です。

　しかし、本当に支払ってよい請求書かどうかは、請求書だけを見ても判断できません。このため、納品書・検収書等と突合して、支払いを行うべき事実があるかどうかを確認する必要があります。

2. 納品書・検収書等の内容のチェック

納品書・検収書等と伝票を見比べるときは、金額以外にも注意すべき点があります。例えば、日付、品名や規格、数量等が挙げられます。金額が一致していても、発注したものが不足している場合、全額を支払ってしまうのは危険だからです。

ここで、「発注したものが不足していることにどうやって気がつけるのだろうか」と疑問に思うかもしれません。この点を確かめるためには、契約書や発注書が必要です。したがって、伝票には請求書や納品書・検収書等だけでなく、契約書や発注書も添付されている必要があります。

次に、適切に納品書・検収書等をチェックするための前提として、伝票に添付すべき証憑について解説します。

3. 適切なチェックのための伝票編纂

未履行債務への支払いにより損失が生じることを防止するためには、伝票と納品書・検収書等の突合が重要です。このためには、何を発注したのか、発注した商品やサービスの提供が完了したかどうかを把握する必要があります。このような情報を把握するためには、契約・発注から納品、支払いまでの一連の証憑が編纂されている必要があります。具体的には、次のようなイメージです。

■ 支払時の伝票に必要な添付資料

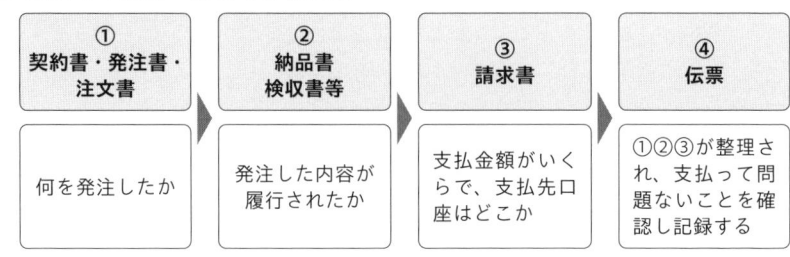

① 契約書・発注書・ 注文書	② 納品書 検収書等	③ 請求書	④ 伝票
何を発注したか	発注した内容が履行されたか	支払金額がいくらで、支払先口座はどこか	①②③が整理され、支払って問題ないことを確認し記録する

（1）契約・発注～納品～支払いまでの一連の流れ

　伝票編纂の重要な点は、何を発注し、それがどのように提供されたのか、確定した支払金額はいくらで、支払先口座はどこかという情報が根拠証憑としてまとめられていることです。これは伝票を作成する担当者の作業に不可欠であり、責任者がチェックする際にも必要です。

　伝票に添付する証憑にはそれぞれ意味があります。それぞれの意味を適切に把握することが伝票チェックの重要な前提です。

（2）伝票に基づく支出

　支払いをする際、支払ってから伝票を作成するのか、支払前に伝票を作成するのか、どちらが適切でしょうか。答えは後者です。

　一般的な経理規程では、支払前に伝票を作成し、経理責任者の決裁を得た上で支払いを実行する流れとなっているはずです。前の図の④を見てください。発注したものが何か、それが適切に提供されたか、確定した金額はいくらで、支払口座はどこかといった情報が伝票に整理されています。支払時における伝票の役割は、支払って問題ないかどうかを確認し、その確認結果を記録する文書となっています。このため、支払前に伝票を作成し、それに従って支払いを実行する必要があります。

前払いをせざるを得ない場合の対応のポイント

　前払いには、事業者が倒産してしまうリスクがあります。例えば、エステサロンや英会話スクールの代金を前払いしたところ、事業者が倒産して消費者が泣き寝入りするという報道を時々見かけるのではないかと思います。これは個人消費者に限ったことではなく、非営利組織にも同じことが起こり得ます。できるだけ前払いは避けたいところですが、やむを得ない場合には相手先の財務状況に注意を払いましょう。

　相手先の財務情報を把握し、取引の途中で倒産してしまわないかを事

前に検討し、組織内でその情報を共有・活用する取組みを一般的に与信管理と言います。すでにあなたの所属する法人で取引先の与信管理を行う体制が整っているのであれば、前払いの伝票が決裁に回ってきた際にも活用しましょう。取引先名称を見て、法人が持っている与信情報と照らし合わせます。

　仮に与信管理の仕組みがない場合、前払いの伝票を決裁する前に公表情報から相手先の財務情報をチェックしましょう。伝票を作成する担当者がチェック済みであれば、そのチェック内容を確認します。具体的には、相手の会社の HP で決算書を見る、会社名や経営者の氏名等を新聞記事のデータベースやインターネットで検索する等が考えられます。もしあなたの所属する法人の規模に照らして金額が多額になる場合や、取引関係が長期継続的に固定されてしまう場合等は、信用調査・与信調査等の専門事業者を利用することも考えられます。

まとめ

● 契約・発注〜納品〜支払いまでの一連の流れがわかるように伝票編纂する。その上で、契約・発注内容が履行済であることを確かめる。

● 支払いに関する伝票を作成・決裁を経た上で支出する。

● 支払前に伝票と納品書・検収書等を照合し、金額、日付、品名や規格、数量等が一致することを確かめる。

● 前払いする際には、相手先の与信情報を確かめる。

5 補助金の返還

まさかのできごと

　事の発端は、A省から交付された補助金の適正な使用に関する検査でした。昨年交付された補助金が、定められた用途に反して使用されていたことが発覚し、返還命令が下されました。担当者が補助金の用途を理解していなかったために起こったこの問題は、組織に大きな財政的負担を強いることになりました。

　補助金の使用目的は、申請時に渡される補助金要綱に明記されています。補助金を申請する際にはその内容を十分に理解しておく必要があります。しかし、要綱は複雑で難解な表現のため、担当者はその内容を確認しませんでした。その結果、補助金が用途に反して使用され、事後の検査で問題が指摘されたのです。

　問題が発覚した後、組織は補助金の返還を余儀なくされましたが、すでに使用してしまった資金のため、返金のための原資がなく、非常に困難な状況に陥りました。解決策として、複数の部署から予算を削減することになり、これは法人全体に波紋を広げることとなりました。各部署のプロジェクトや活動に必要な予算が削減されたことで、法人全体の業務遂行能力に影響を及ぼし、部署間の関係に影を落とすことになってしまいました。

補助金とは

本書で取り上げる補助金とは、補助金、交付金及び補給金等の名称で国や地方公共団体等から交付されるもので、反対給付を伴わず、特定の目的に使用されることを条件とする給付です。

1. 補助金には用途の定めがある

補助金には用途の定めがあり、もらったら自由に使えるお金ではありません。仮に、補助金を用途以外に使用してしまった場合、加算金を加えて返還しなければならない可能性があります。

「補助金等に係る予算の執行の適正化に関する法律」（昭和30年法律第179号）

> 第四章　補助金等の返還等
>
> （決定の取消）
>
> 第十七条　各省各庁の長は、補助事業者等が、補助金等の他の用途への使用をし、その他補助事業等に関して補助金等の交付の決定の内容又はこれに附した条件その他法令又はこれに基く各省各庁の長の処分に違反したときは、補助金等の交付の決定の全部又は一部を取り消すことができる。
>
> 〈省略〉
>
> （加算金及び延滞金）
>
> 第十九条　補助事業者等は、第十七条第一項の規定又はこれに準ずる他の法律の規定による処分に関し、補助金等の返還を命ぜられたときは、政令で定めるところにより、その命令に係る補助金等の受領の日から納付の日までの日数に応じ、当該補助金等の額（その一部を納付した場合におけるその後の期間については、既納額を控除した額）につき年十・九五パーセントの割合で計算した加算金を国に納付しなければならない。

〈省略〉

さらに、国からの補助金は税金が原資のため、適正な用途に用いなければなりません。定められた用途以外に補助金を流用した場合には、返還命令が下されるだけでなく、刑事罰が適用されることもあります。

「補助金等に係る予算の執行の適正化に関する法律」（昭和30年法律第179号）

第六章　罰則

第三十条　第十一条の規定に違反して補助金等の他の用途への使用又は間接補助金等の他の用途への使用をした者は、三年以下の懲役若しくは五十万円以下の罰金に処し、又はこれを併科する。

2. 補助金で購入した資産には処分制限がある

補助金等で固定資産を購入するケースがあるのではないでしょうか。補助金で取得した固定資産には、処分の制限が課せられる場合があります。固定資産を除売却する伝票に補助金で取得したものが含まれていないか、注意する必要があります。

「補助金等に係る予算の執行の適正化に関する法律」（昭和30年法律第179号）

第五章　雑則

（財産の処分の制限）

第二十二条　補助事業者等は、補助事業等により取得し、又は効用の増加した政令で定める財産を、各省各庁の長の承認を受けないで、補助金等の交付の目的に反して使用し、譲渡し、交換し、貸し付け、又は担保に供してはならない。ただし、政令で定める場合は、この限りでない。

補助金の用途誤り等防止の対応のポイント

1. 補助金財源伝票の見分け方

　補助金の用途をチェックしたり、固定資産の除却・売却等に補助金財源のものが含まれていないかを確認したりするには、まずその伝票が補助金を原資にしていることに気がつかなければなりません。では、どこを見ると、補助金が原資であると気がつけるのでしょうか。見るべきポイントは、伝票の財源区分と予算科目です。

　財源区分とは、○○補助金、○○交付金、○○寄附金といったように、使用するお金がどのような種類であるかを示すものです。お金の種類によっては用途に制約があるかもしれません。また、補助金以外でも国や地方公共団体からの委託費には、委託費ごとに用途の明細の作成が求められることもあり、お金の出元ごとに容易に集計できるように財源別の管理をしておく必要があります。

　財源別管理をしていない場合でも、支出予算を定めているのであれば、補助金財源のものは予算科目を見ればわかるようになっているはずです。予算科目名称が「○○補助金」といったように、補助金原資であることが容易に把握できるように設定されているはずです。仮に、財源区分別管理の仕組みがなく、さらに予算科目でもお金の出元がわからない体制である場合、補助金を受け取るのは危険です。補助金を受け取るということは、経理がしっかりしていることが重要な前提だからです。

2. 補助金要綱との照合

　補助金財源の伝票が回付されてきたら、その補助金の補助金要綱を確認しましょう。用途についての記載があります。要綱の内容に照らして、適切な用途かどうかに注意しましょう。迷った場合は、補助金を交付する国や地方公共団体等に問い合わせることが重要です。

補助金で取得した財産の誤処分防止の対応のポイント

補助金で取得した財産には原則として一定の処分制限が課せられます。このため、2つの点に注意が必要です。

1つ目は、固定資産を除売却する際の伝票です。財源が補助金となっている固定資産を除売却する伝票が回付された場合、処分制限に抵触しないかどうかを確かめましょう。

2つ目は誤廃棄や誤売却です。例えば同じ場所に同種の資産が複数ある場合には、誤って別の固定資産を廃棄してしまうことがあります。仮にそれが補助金財源だった場合に、処分制限に抵触してしまうおそれがあります。このため、補助金財源で取得した固定資産の現物管理も重要になります。法人によっては、固定資産の目立つ場所に目を引きやすい色のシールを貼って誤廃棄や誤売却を防止する例もあります。

補助金の使用期間誤り防止の対応のポイント

補助金にはさらに注意すべき点があります。それは、補助金が使用できる期間が決まっていることです。「国や地方公共団体は、年度内に予算を使い切らなければならない」という話を聞いたことがありませんか。これは予算の単年度主義と呼ばれるもので、財政に対する民主的な統制を図るために、予算は毎年度国会や地方議会で審議し、使い道を定める仕組みです。国や地方公共団体からの補助金も同じ考え方に基づいているため、ある事業年度の補助金はその年度内に使うことになります。言い換えると、補助金には使用期間に制約があるということです。この使用期間は、通常「補助事業期間」等として定められています。

このような期間の制約は、補助金を受け取る非営利組織にとって重要です。ある法人の継続的な活動を対象とした補助金を例に考えてみま

す。次の図のように補助事業期間がX年4月1日からX＋1年3月31日までとされた補助金を受け取るケースです。用途は当該活動に必要な備品の購入や業務委託等が認められているとします。また、補助金を使用したと判断する基準は、補助事業期間に発注、納品／役務提供、支払いまで完了した状態とします。

■ 補助金を使える期限のイメージ

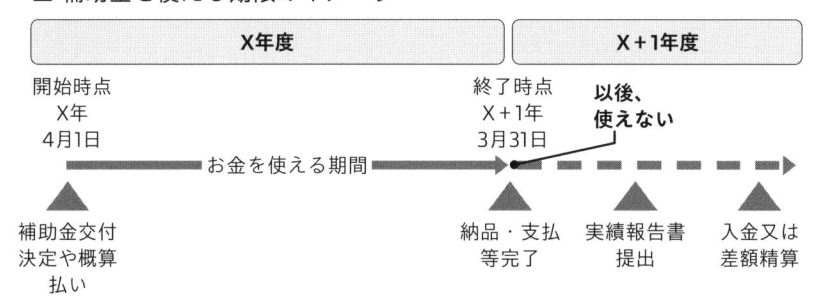

注：**本事例はポイント理解のための仮定の内容です。補助金を使用したと判断する基準は、補助金により異なる場合があるため必ず関係文書で取り決めをご確認ください。**

簡単に流れを説明すると、補助事業開始時点で補助金交付が決定されたことが通知されます。この際、場合によっては概算払いで先に補助金を受け取ることもあります。その上で、補助事業期間中に補助対象の支出を行います。補助事業が終了後に補助対象となった支出をまとめて実績報告書を作成します。そして実績報告書を提出することで、補助金が入金されるか、概算払い分の精算がなされます。

　ここで、伝票チェックで注意すべきは納品・役務完了日と支払日が補助事業期間内かどうか、という点です。

①納品・役務完了日：納品書・検収書等の証憑の日付が補助事業期間内かどうか。
②支払日：銀行口座の出金記録の日付が補助事業期間内かどうか。

通常、伝票は納品・検収時に費用と債務を計上し、後日別途支払いのための伝票を作成して該当する債務の支払いを実行するという流れになっています。この流れを踏まえると、①は納品・検収時に費用と債務を計上した伝票、②は実際に該当する債務を支払った伝票上でチェックすることになります。設例のような場合では、実績報告書にリストアップされた支出について、2つの伝票をチェックしなければならないことに注意してください。

一契約・複数用途の支出がある場合の 対応のポイント

補助金で建物を新たに整備した際に返還が求められた事例があります。その法人が受け取っていた補助金要綱では、補助金交付の対象は「本工事及び附帯工事に係る経費（施設に附帯する設備の整備に係る経費を含む）」と定められていました。この要綱に従って建物と施設に附帯する設備を整備したのです。ところが、購入した設備に関して、その契約の中に補助の対象にならない設備の保守、保証及び運用支援費用が含まれていました。事後に外部から指摘を受け、結果的に加算金を含めて返還することになってしまいました。

この事例からの教訓は、1つの契約に多数の項目が含まれている補助金財源取引には注意が必要だということです。本来は補助金としては認められていない項目が含まれているかもしれないからです。伝票チェックの観点としては、多数の構成要素が含まれる取引の合計額だけが記載された状態で伝票が申請されている場合、その内訳まで確認することが重要です。

固定資産の補助対象額の計算誤り防止の対応のポイント

補助金で購入した物品等が固定資産に該当する場合、補助対象額の計算に注意が必要です。固定資産とは、一定金額以上で1年を超えて使用可能な資産です。一定金額は法人制度によって異なりますが、税法を参考に10万円とされることが多いです。

固定資産に該当する物品等は、その定義上1年を超えて使用可能なものです。このため、補助事業期間が終了しても使用可能な場合があります。この場合、固定資産を取得するために要した支出額全額を補助対象にせず、次のような取扱いをすることがあります。

- 補助事業期間の減価償却費に相当する分が補助対象となる。
- 概算払いの場合、補助事業期間終了時点の残存簿価分を返還する。

次の図を見てください。例えば、補助事業期間開始時点で補助金により3年間使用可能な固定資産120を取得し、事業の用に供した場合を考えます。補助事業期間の減価償却費のみが補助金の対象となる場合、も

■ 固定資産に対する補助対象額の計算例

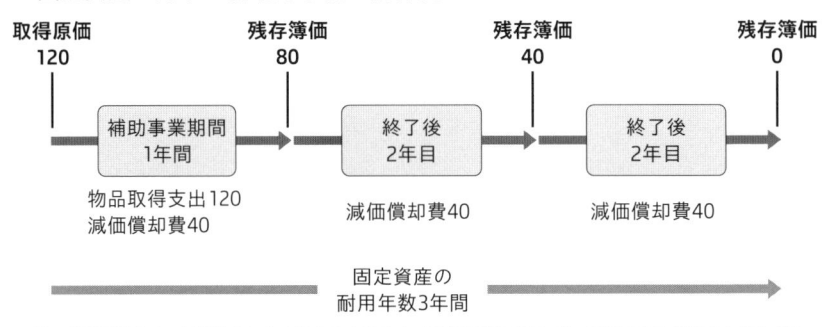

注：本事例はポイント理解のための仮定の内容です。固定資産の取扱いは、補助金により異なる場合があるため必ず関係文書で取り決めをご確認ください。

らえる金額は 120 ではなく 40 です。また、先に概算払いがあった場合、補助事業期間終了時点の残存簿価 80（取得額 120 から減価償却費 40 を控除した残額）分を返還することになります。支出額全額が補助対象ではない可能性に注意してください。

　なお、補助事業期間を超えて利用可能な固定資産を取得した場合の取扱いは、補助金によってケースバイケースですので、個別に確認をしてください。

ま と め

- 伝票の財源区分や予算科目が補助金等である場合、用途が適切かどうか、補助金等の交付要綱と照合して確かめる。
- 固定資産の除売却の伝票が申請されてきた場合、財源が補助金等であり処分制限が課せられていないかどうかを確かめる。また、誤廃棄等防止のための現物管理にも注意する。
- 補助事業期間の定義を確認し、納品・検収、支払等が補助事業期間内であることを確かめる。
- 建物の取得等、1つの契約の中に複数の納品物・サービスが含まれる取引では、内訳に補助金等の用途にそぐわないものが含まれていないかを確かめる。
- 補助事業期間を超えて利用可能な固定資産を取得した場合、その全額が補助対象となるかどうかを確かめる。

6 源泉徴収漏れ・納付遅延

まさかのできごと

　夏休み明け、経理部門の出納担当者が出勤し、前月からの現金預金の繰越残高を確認していると、予想以上に資金が多いことに気づきました。不審に思い前月の支払伝票を調べたところ、夏季賞与に関する源泉徴収税が納付されていないことが判明しました。

　経理部門では、職員が交代で夏休みを取り、通常とは異なる業務分担が行われていました。この際、源泉徴収税の支払処理について、担当者が決まっておらず、宙に浮いていたのです。出納担当者は急いで納付を行いましたが、すでに遅延が発生しており、延滞税と不納付加算税が課されることになりました。

　幸い、すぐに気がついたため多額の負担にはならずに済みましたが、もし長期間気づかないままであれば、損失がさらに膨らむ可能性がありました。休暇時の業務分担と確認が不十分だったことが悔やまれました。

源泉徴収とは

　源泉徴収制度とは、「①給与や利子、配当、税理士報酬などの所得を支払う者が、②その所得を支払う際に所定の方法により所得税額を計算し、③支払金額からその所得税額を差し引いて国に納付するというもの」です[1]。また、原則として「源泉徴収の対象とされている所得の支払者は、それが会社や協同組合である場合はもちろん、学校、官公庁であっても、また、個人や人格のない社団・財団であっても、全て源泉徴収義務者[2]」となります。

　源泉徴収は給与所得を例にするとわかりやすいです。会社や法人に勤務していれば、源泉徴収後の金額が給与として職員の口座に振り込まれているはずです。この源泉徴収は、雇用関係のある従業員への給与等以外にも徴収義務が生じる場合があります。

　本章では特に注意すべき点として、個人に対する報酬・料金等の支払いを取り上げます。具体的には以下のようなケースです。なお、本章で取り上げるのは一部ですので、その他の源泉徴収義務が生じるケースについては国税庁 HP でご確認をお願いします。

〈報酬・料金等の支払を受ける者が個人の場合の源泉徴収の対象となる範囲[3]〉

1　原稿料や講演料など
2　弁護士、公認会計士、司法書士等の特定の資格を持つ人などに支払う報酬・料金
3　社会保険診療報酬支払基金が支払う診療報酬
4　プロ野球選手、プロサッカーの選手、プロテニスの選手、モデルや外交員などに支払う報酬・料金
5　映画、演劇その他芸能（音楽、舞踊、漫才等）、テレビ放送等の出演等の報酬・料金や芸能プロダクションを営む個人に支払う報酬・料金

6 ホテル、旅館などで行われる宴会等において、客に対して接待等を行うことを業務とするいわゆるバンケットホステス・コンパニオンやバー、キャバレーなどに勤めるホステスなどに支払う報酬・料金

7 プロ野球選手の契約金など、役務の提供を約することにより一時に支払う契約金

8 広告宣伝のための賞金や馬主に支払う競馬の賞金

　以上のような支払いを行う場合に、源泉徴収を行っていないと、延滞税と不納付加算税が課せられてしまうおそれがあります。

▍源泉徴収漏れ・納付遅延防止の対応のポイント

1. 支払先名のチェック

　徴収漏れをチェックするには、まず個人への支払いであることに気づく必要があります。伝票の支払相手先の記載を確認しましょう。その際、個人の氏名が明記されている場合は容易に把握できますが、ややこしいのは屋号のようなものです。一見すると会社のように見える場合があります。見分け方としては、「株式会社」、「一般社団法人」、「社会福祉法人」等の名称と法人名がセットになっているかどうかです。各法人制度の法律により一定の要件を満たさない限り「○○法人」と名乗ることはできません。このため、法人格を示す名称があれば、そこは個人事業主ではありません。伝票に明記されていない場合は、証憑として添付されている請求書で支払先の正式名称を確認しましょう。

　なお、主な源泉徴収率は所得税と復興特別所得税で10.21％等ですが、報酬・料金、契約金、賞金等の種類や金額により異なります。詳細は国税庁HPをご覧ください。2023（令和5）年度を例にすれば、「令和5年版源泉徴収のあらまし 源泉徴収 第5 報酬・料金等の源泉徴収事務」が参考になります。

2. 源泉徴収から納付までのスケジュール管理

　漏れなく徴収したとしても、それだけで安心することはできません。源泉徴収した税は、申告期限までに納付が必要です。納付が遅れると延滞税と不納付加算税が発生してしまいます。

　いつまでに納付すべきか期日を把握し、納付を失念しないように決算スケジュール表を作成しましょう。「源泉徴収した所得税および復興特別所得税は、原則として、給与等を実際に支払った月の翌月10日までに国に納めなければなりません。[4]」とされています。感覚に頼らず、第Ⅰ部2で紹介したようなスケジュール表作成やタスク管理、リマインダー設定を行いましょう。

ま と め

- ●支払相手が個人かどうか、個人の場合は支払いが源泉徴収義務のある報酬・料金等に該当していないか、を確かめる。
- ●屋号の記載がある場合等、個人かどうかがわかりにくい場合がある。請求書等相手が作成する証憑の正式名称で法人格の記載を確かめる。
- ●源泉徴収した税額の納付漏れや納付遅延防止のため、期日を確認して決算スケジュールの作成やタスク進捗管理、リマインダー設定を行う。

◉ 注

[1] 国税庁 HP「令和5年版源泉徴収のあらまし　第1源泉徴収制度について」

[2] 同上。

[3] 国税庁 HP「タックスアンサー（よくある税の質問）　No.2792 源泉徴収が必要な報酬・料金等とは」

[4] 国税庁 HP「タックスアンサー（よくある税の質問）No.2505 源泉所得税及び復興特別所得税の納付期限と納期の特例」

7 消費税の区分誤り

まさかのできごと

　ある春の日、非営利組織の経理部では、ようやく決算手続が一段落し、皆がほっと一息ついていました。そんな折、税理士から新任の経理担当者に急な電話が入りました。「提出してもらった帳簿ですが、消費税区分に多くの誤りがあります。」経理担当者は慌てました。「消費税区分が違うって、どういうことでしょうか？」

　税理士の説明によると、伝票に記載された「課税」「免税」「非課税」「不課税」の区分が間違っており、このままでは正しい納税額が計算できず、税務署から指摘される可能性があるとのことでした。

　経理担当者は急いで伝票の見直しを開始しましたが、誤りは多く、時間との戦いになりました。すると、同僚たちも担当者の様子に気づきました。「もう決算が終わったと思っていたのに、またトラブルか…」と不満を口にしながらも、協力してくれることになりました。

　数日の間、経理部全員で必死に伝票を確認し、修正を行いました。部全体の協力のおかげで、申告期限ぎりぎりに点検作業を完了し、なんとか納税申告に間に合いました。

　この経験から、経理担当者は消費税区分の重要性を痛感し、自分が軽視していたことを反省しました。日々の伝票作成が法人全体の税務に与える影響を深く理解したのです。一方、経理課の責任者も日々のチェックがいかに重要であるかを再認識しました。

消費税とは

消費税の申告誤りを防止するためには、まず消費税の仕組みを理解する必要があります。次の図で消費税の概要を説明します。

なお、本章では伝票項目上の何をチェックすればよいのか、その観点の解説に焦点を当てています。なお、本書で紹介できるのは代表的な伝票決裁の観点であり、正確な申告のためには本書以外の情報も必要となります。実際の業務の際には、必要に応じて国税庁のHPの確認や専門家への相談をお願いします。

■ 簡略化した消費税計算構造のイメージ

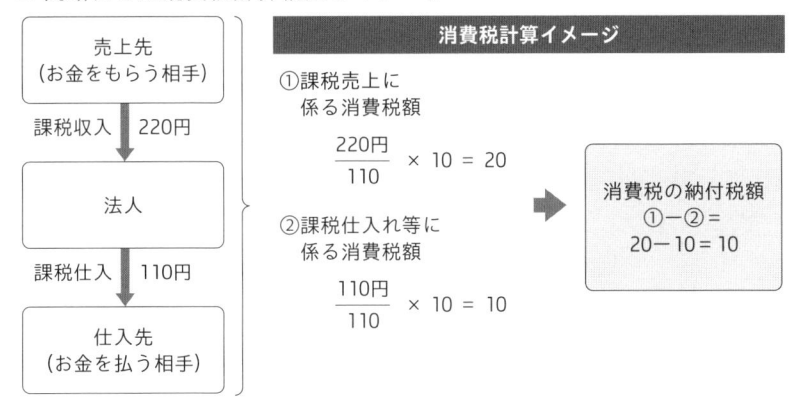

注：図は税込経理を前提とし、説明のために簡略化しています。実際の消費税の計算は、課税売上割合等
　　を加味して算定します。また、税率は消費税と地方消費税を合わせて記載しています。

例えば、ある法人が220円（税込）収入を得たとします。この際、法人はもらった収入額の220円のうち10/110に相当する20円の消費税を国等に納付する義務が生じます。しかし、消費税はもらうだけでなく支払うこともあります。同じ事業年度に、支出額が110円（税込）生じています。この支出額110円のうち10/110に相当する10円は、消費税の納税の際に控除することが認められています。これを仕入税額控除と言

います。

　ただし、すべての取引が消費税の対象となるわけではありません。このため、消費税が課税される収入（前の図の①の計算基礎）及び支出（前の図の②の計算基礎）とそうでないものを適切に区分して集計した上で、前の図のような計算を実施するのです。このように、消費税計算のために必要な伝票の区分を一般に消費税区分と言います。伝票作成時に、消費税区分を適切に入力しておけば、伝票を集計することで正しい消費税の申告・納税額が算出できるようになります。しかし、伝票作成時点で消費税区分を誤ると、消費税額の申告・納税額を誤ってしまうことになります。

　例えば、消費税が含まれていない支払いの伝票を消費税込みとしてしまうと、あるべき金額よりも控除額が大きくなり、消費税を過少に申告・納税してしまいます。逆に、消費税込みの支払いなのに、消費税なしとしてしまうと、控除額が小さくなり消費税を過大に申告・納税してしまうことになります。このため、伝票作成時点で適切に消費税の有無を分類しておく必要があります。

1. 課税、免税、非課税、不課税の区分

　消費税の観点では、取引は主に課税、免税、非課税、不課税の４つに分類されます。課税とは消費税の４要件に該当し消費税が課税される取引です。免税取引とは、商品の輸出や国際輸送、外国にある事業者に対するサービスの提供等の一般に輸出と呼ばれる取引で、消費税は課税されません。非課税とは、政策的配慮等により消費税の４要件を満たしたとしても課税されない取引です。不課税とは、消費税の４要件を満たさず消費税が課税されない取引です。消費税の計算は課税、免税、非課税、不課税等の区分ごとに集計した結果をもとに算定されます。このため、伝票上でこれらの区分が正しければ、消費税の納税額を正しく計算する素地を整えることができます。

2. 課税、免税、非課税、不課税区分の例

（1）課税取引

　課税取引は、次の 4 要件を満たす取引です。 4 要件の具体的な内容を見てみましょう。

〈課税取引の要件[1]〉

[1] 国内において行うもの（国内取引）であること。

　　→資産の譲渡又は貸付けが行われる場合は、資産の譲渡又は貸付けが行われる時において、その資産の所在する場所が国内であること、役務の提供の場合は、役務の提供が行われた場所が国内であること

[2] 事業者が事業として行うものであること。

　　→法人が行う取引は全て「事業として」に該当、事業とは対価を得て行われる資産の譲渡等を反復、継続かつ独立して遂行すること

[3] 対価を得て行うものであること。

　　→資産の譲渡等に対して反対給付を受けること

[4] 資産の譲渡、資産の貸付け、役務の提供であること。

　　→資産の譲渡：売買や交換等の契約により、資産の同一性を保持しつつ、他人に移転すること

　　→資産の貸付け：賃貸借や消費貸借等の契約により、資産を他の者に貸し付け、使用させる一切の行為

　　→役務の提供：請負契約、運送契約、委任契約、寄託契約などに基づいて労務、便益その他のサービス（例：請負、宿泊、飲食、出演、広告、運送、委任）を提供すること

　課税仕入れの例としては、以下のようなものがあります。このような課税仕入れの判断は、仕入額控除の重要な基礎情報となります。

〈課税仕入れとなる取引[2]〉

(1) 商品などの棚卸資産の購入

(2) 原材料等の購入

(3) 機械や建物等のほか、車両や器具備品等の事業用資産の購入または賃借

(4) 広告宣伝費、厚生費、接待交際費、通信費、水道光熱費などの支払

(5) 事務用品、消耗品、新聞図書などの購入

(6) 修繕費

(7) 外注費

　なお、給与等の支払は課税仕入れとなりませんが、加工賃や人材派遣料のように事業者が行う労働やサービスの提供の対価には消費税が課税されます。したがって、加工賃や人材派遣料、警備や清掃などを外部に委託している場合の委託料などは課税仕入れとなります。

（2）免税取引

　次に、免税取引を見てみます。免税取引とは、「例えば、商品の輸出や国際輸送、外国にある事業者に対するサービスの提供などのいわゆる輸出類似取引など[3]」が該当します。具体的には、国内と国外との間の通信又は郵便若しくは信書便、国内及び国外にわたって行われる旅客（海外航空券等）等があります。

（3）非課税取引

　続いて、非課税取引を見てみます。国税庁の HP を参照すると、以下のような例が挙げられています。

〈非課税取引の例[4]〉

(1) 土地の譲渡および貸付け

(2) 有価証券等の譲渡

(3) 支払手段の譲渡

(4) 預貯金の利子および保険料を対価とする役務の提供等

(5) 日本郵便株式会社などが行う郵便切手類の譲渡、印紙の売渡し場所における印紙の譲渡および地方公共団体などが行う証紙の譲渡

(6) 商品券、プリペイドカードなどの物品切手等の譲渡

(7) 国等が行う一定の事務に係る役務の提供

(8) 外国為替業務に係る役務の提供

(9) 社会保険医療の給付等

(10) 介護保険サービスの提供等

(11) 社会福祉事業等によるサービスの提供等

(12) 助産

(13) 火葬料や埋葬料を対価とする役務の提供

(14) 一定の身体障害者用物品の譲渡や貸付け等

(15) 学校教育

(16) 教科用図書の譲渡

(17) 住宅の貸付け

（4）不課税取引

　最後に、不課税取引を見てみます。国税庁の HP を参照すると、以下のような例が挙げられています。

〈不課税取引の例[5]〉

(1) 給与・賃金：雇用契約に基づく労働の対価であり、「事業」として行う資産の譲渡等の対価に当たらないからです。

(2) 寄附金、祝金、見舞金、国または地方公共団体からの補助金や助成金等：一般的に対価として支払われるものではないからです。

(3) 無償による試供品や見本品の提供：対価の支払いがないからです。

(4) 保険金や共済金：資産の譲渡等の対価といえないからです。

(5) 株式の配当金やその他の出資分配金：株主や出資者の地位に基づいて支払われるものであるからです。

(6) 資産について廃棄をしたり、盗難や滅失があった場合：資産の譲渡等に当たらないからです。

(7) 心身または資産について加えられた損害の発生に伴い受ける損害賠償金：対価として支払われるものではないからです。〈省略〉

消費税区分誤り防止の対応のポイント

次に、消費税区分について、個々の伝票決裁時に最低限確かめるべき観点を紹介します。

1. 消費税の4区分への該当

まず、決裁に回付されてきた伝票の消費税区分を確かめましょう。各区分の考え方と例示をもとに、取引の根拠証憑と照合して消費税区分が正しいこと確かめます。

2. 仕入税額控除要件

決裁に回付された伝票が支出に関するもので、その支出が消費税の課税対象である場合には、請求書の記載事項に注意してください。仕入税額控除を受けるためには、法定事項が記載された帳簿の保存と、一定の要件を満たす請求書等の保存が必要です。この請求書に適格請求書と呼ばれるものがあります。適格請求書には、例えば、消費税の税率や税額、Tで始まり数字13桁の登録番号などが記載されている必要があります。国税庁のHPによると、適格請求書には以下のような事項が含まれます。証憑として添付された請求書が仕入税額控除の要件を満たしていることを確認しましょう。

　登録番号とは、適格請求書発行事業者の登録を受けようとする事業者が、納税地を所轄する税務署長に「適格請求書発行事業者の登録申請書」を提出し、税務署長の登録を受けた場合に事業者に通知される番号です[6]。

〈適格請求書記載事項[7]〉

① 適格請求書発行事業者の氏名又は名称及び登録番号

② 課税資産の譲渡等を行った年月日

③ 課税資産の譲渡等に係る資産又は役務の内容（課税資産の譲渡等が軽減対象資産の譲渡等である場合には、資産の内容及び軽減対象資産の譲渡等である旨）

④ 課税資産の譲渡等の税抜価額又は税込価額を税率ごとに区分して合計

■ 請求書記載事項

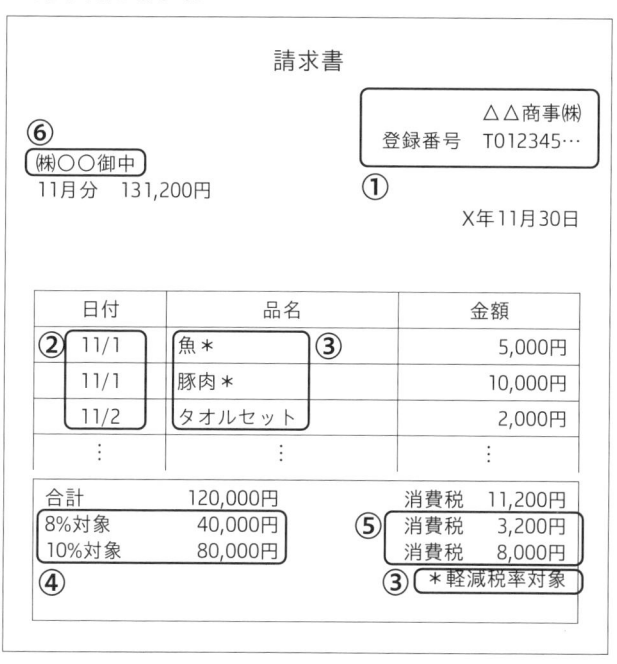

した金額及び適用税率

⑤ 税率ごとに区分した消費税額等

⑥ 書類の交付を受ける事業者の氏名又は名称

免税事業者要件判断誤り防止の
対応のポイント

　消費税は、原則として「その課税期間の基準期間における課税売上高が 1,000 万円以下の事業者は、その課税期間における課税資産の譲渡等および特定課税仕入れについて、納税義務が免除[8]」とされています（例外もあります）。法人の場合、原則として基準期間は前々事業年度です。

　例年、課税売上高が 1,000 万円を超えない寄附金や補助金等を中心に運営される法人では、消費税に対する注意が徐々に薄れてしまうかもしれません。しかし、誰も消費税の納税義務の有無を点検していないと、申告漏れになるおそれがあります。また、「その課税期間の基準期間における課税売上高が 1,000 万円以下であっても、特定期間における課税売上高が 1,000 万円を超えた場合など、一定の事由に該当する場合には、その課税期間については課税事業者」[9]となるといった例外があることにも注意が必要です。特定期間とは、法人の場合、原則としてその事業年度の前事業年度開始の日以後 6 か月の期間を指します。

　このため納税義務が免除されていたとしても、定期的に課税売上高を点検することは重要です。

ま と め

● 消費税法における取引の4区分の考え方と例示を理解する。

● 伝票に記載された消費税法の区分と取引内容が取引の4区分の考え方と例示に照らして適切かどうか、確かめる。

● 支出に関して課税取引となっている伝票は、適格請求書等が添付されていることを確かめる。

● 課税売上が一定額以下で消費税の納税義務がなかったとしても、納税義務の有無を判断できるように、定期的に課税売上高を点検する。

● 注

1 国税庁 HP「消費税のあらまし（令和5年6月）　第2 どんな取引が課税対象？」

2 国税庁 HP「タックスアンサー（よくある税の質問）　No.6451 仕入税額控除の対象となるもの」

3 国税庁 HP「タックスアンサー（よくある税の質問）　No.6205 非課税と免税の違い」

4 国税庁 HP「タックスアンサー（よくある税の質問）　No.6201 非課税となる取引」

5 国税庁 HP「タックスアンサー（よくある税の質問）　No.6157　課税の対象とならないもの（不課税）の具体例」

6 国税庁インボイス制度適格請求書発行事業者公表サイト「登録番号とは」

7 国税庁 HP「適格請求書等保存方式（インボイス制度）の手引き」p.14

8 国税庁 HP「タックスアンサー（よくある税の質問）　No.6501 納税義務の免除」

9 同上

8 横領による損失

まさかのできごと

　「課長、どうしても現金預金の金額が帳簿と一致しません」。ある日、人事異動で着任したばかりの担当者から経理課長に相談がありました。今まで何の問題もなかったのに、急に合わないなんてことがあるだろうか。不思議に思って、担当者と一緒に通帳残高と帳簿を確かめると、確かに一致していません。どうしてもわからなかったので、異動した前任者に話を聞くと、驚愕の事実が判明しました。前任者が私的に流用していたのです。担当者を問い詰めると、ギャンブルでできた借金の返済に充当したとのことでした。さらに、翌日から消息不明で連絡が取れなくなってしまいました。

　その後の調査で余罪が明らかになり、横領された金額は相当額に上ることがわかりました。消息不明のため、警察に被害届を出し、報道発表まで行うことになりました。この法人では、運営に国や地方公共団体からの財政援助があったため、関係各所に説明に回るとともに、他の職員が関与した懸念を踏まえて第三者委員会による調査も必要になりました。多額の資金が失われるだけでなく、第三者委員会による真相究明と再発防止策の検討、報道対応、関係各所への顛末の報告といった業務により、法人全体で大変な労力と時間を費やすことになりました。経理課長は、監督不行き届きで懲戒処分となりました。

不正とは

　本書で取り上げる不正は職務に関する不正です。不正の一般的な定義としては、一般社団法人日本公認不正検査士協会が公表する職業上の不正の定義があります。

　　不正の定義：雇用主のリソースもしくは資産を意図的に濫用または流用することを通じて、私腹を肥やすために自らの職業を利用すること[1]

　同協会が公表する『2022年度版 職業上の不正と濫用に関する国民への報告書』の不正の体系図では、不正の最も大きな類型として「汚職」、「資産の不正流用」及び「財務諸表不正」があります。

■ 不正の大分類

不正の類型	具体例（筆者作成）
汚職	収賄等
資産の不正流用	現金や切手等の有価物や物品の横領、架空経費の申告
財務諸表不正	いわゆる粉飾決算

　この3類型のうち、本書では資産の不正流用、いわゆる横領を取り上げます。具体的には、現金等の横領と架空経費の申告の2つに分けて対応策を考えます。この理由は2つあります。

　1つ目の理由は、資産の不正流用は不正の3類型のうち最も発生可能性が高いと考えられるからです。『2022年度版 職業上の不正と濫用に関する国民への報告書』（p.9）では、世界的に見て約86％が資産の流用のカテゴリに区分されるとしています。日本の非営利組織でもこの傾向は同じと考えます。日本の非営利組織全般を対象とした直接の統計データ

■ 地方公務員の不正の内訳

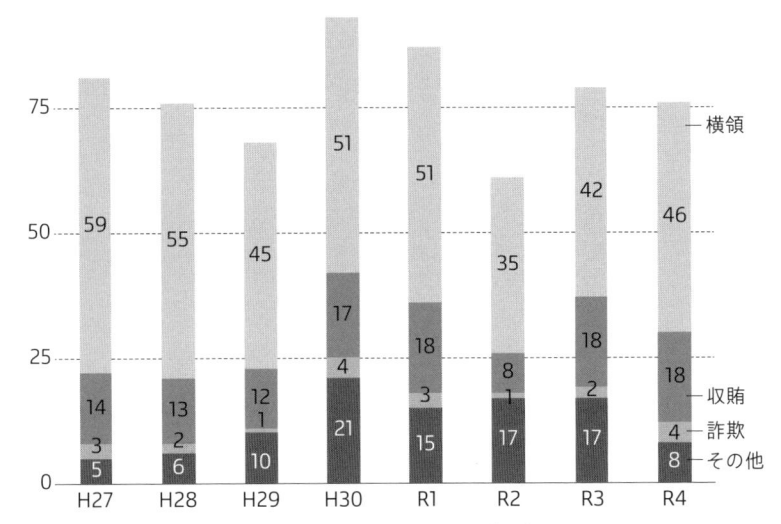

注：縦軸は件数。その他には、公文書偽造、職権濫用、背任の件数を含む。

出所：総務省「地方公務員の懲戒処分等の状況」の各年度公表資料より作成。
「2. 汚職事件について」「(2) 汚職事件の種類別内訳」を集計して筆者がグラフ化

はないのですが、総務省が公表する地方公共団体の不正の発生状況を見てみると、毎年例外なく横領が最も大きな割合を占めており、同様の傾向が見て取れます。

　2つ目の理由は、3類型のうち伝票チェックが特に有効だからです。逆に汚職は通常の取引過程で生じる証憑のみではその発生を察知するのが困難であり、伝票チェックが直接の防止策とすることが難しいからです。また財務諸表不正を取り上げないのは、多くの場合で責任者が関与してしまうため、経理責任者の伝票チェックが直接の防止策となりにくいからです。

現金預金の横領防止の対応のポイント

　現金預金の横領を防止するポイントは大きく分けて2つあります。この2つのチェックはどちらも重要で欠かせないものです。

① 　支払いに関する伝票と支払依頼データとの整合性を確認すること。

② 　帳簿上の現金・預金残高と現金実際在高及び通帳残高との一致を定期的に確認すること。

■ 現金預金のチェックの観点

お取引明細					
○○銀行	○○支店	金融機関コード○○		支店コード○○	
法人名	XXX	種別	普通預金	4月分	
日付	お取引内容		お支払金額	お預り金額	差引残高
X年4月1日	前月繰越				10,000,000
X年4月10日	寄付金受領			500,000	
X年4月15日	イベント費用支払		200,000		
・・・	・・・				
X年4月20日	助成金入金			300,000	
X年4月25日	備品購入費		150,000		
X年4月30日	次月繰越				12,000,000

支払伝票
との整合性　　　　毎月の口座残高
との整合性

1. 支払いごとの個別伝票の確認

　支払いには必ず対応する伝票が存在します。このため、銀行に送信する支払金額や相手先等の一覧データに関して、そのデータの1件1件と決裁済支払伝票との対応関係を確かめる必要があります。決裁済みの支払伝票と突合するのは、正規の手続を経た支払いであることを確かめるためです。

　これにより、銀行への支払依頼データに横領者が自分の口座に不正送金するデータを紛れ込ませた場合でも、不正送金を未然に防止できま

す。具体的な作業としては、二重払い防止の対応策と共通です。

2. 現金・預金残高の定期的確認

現金預金は定期的にその時点での残高が正しいことを確認します。現金であれば、実際に数えた残高と帳簿残高が一致することを確かめます。預金であれば、銀行口座の通帳等残高と一致することを確かめます。定期的に確認しないと、正規の手続を経ない現金・預金の持ち出しを発見できないかもしれないからです。

3. 支払いと残高の両方のチェックが必要な理由

ここまで、支払いのチェックと残高のチェックの2つを見てきました。この2つのチェックは事前予防と適時発見であり、相互補完するものです。このため、どちらかだけ実施すればよいというものではなく、両方ともに実施すべきものです。

■ 支出チェックと残高チェックの効果と限界

アプローチ	効果	限界
現金・預金の支出の1件1件を確認する	銀行への支払依頼データに横領者が自分の口座に不正送金するデータを紛れ込ませるような手口の横領を防止できる。	通常の支払手続を経ないで現金預金を持ち出す手口の場合、適時に発見できない。
現金・預金の残高を定期的に確認する	通常の支払手続を経ないで現金預金を持ち出す手口による横領を適時に発見できる。	通常の支払手続の過程で行われる横領を予防できない。

4. 職務分掌

不正防止のために実施する個々の支払チェックと残高チェックについては、職務分掌に注意してください。不正は意図的に行われるため、職務分掌がないとチェック作業が機能しないかもしれないからです。

あるべき支払いに関するチェック作業の分掌については、次の図を見

てください。①支払伝票と銀行送信データの作成者と、②銀行送信データと決裁済支払伝票との照合チェックを行う者は分けられています。もしも①②を同じ者が実施すると問題が起きます。例えば、①作成者が銀行送信用支払データの中に自分の口座に送金する項目を紛れ込ませたとします。ここで、作成者自らが銀行送信用支払データと支払伝票との照合チェックを実施していると、実際には存在しない支払伝票と照合した、と虚偽の説明がなされるかもしれません。

　このような問題は定期的に残高をチェックする際にも当てはまります。例えば、帳簿の作成担当者が自ら現金残高を数えるような場合、実際には一致していないのに一致していると虚偽の説明がなされるかもしれません。残高をチェックする際にも、帳簿作成者とチェック者は分掌しましょう（第Ⅱ部 **2** コラム参照）。

■ 銀行に送信する支払データと支払伝票との照合作業のあるべき分掌例

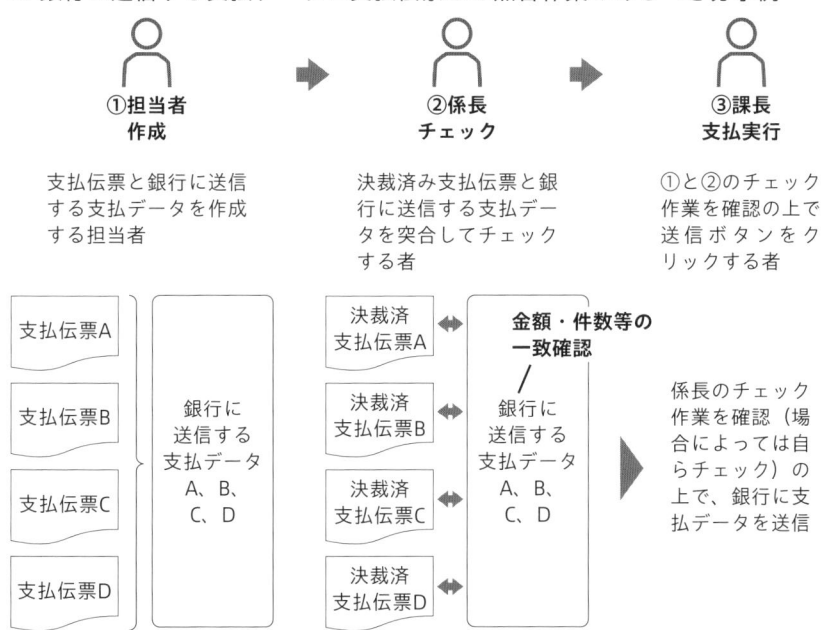

5. 原本の確認

　預金残高のチェックを行う際に、照合する通帳や銀行口座の取引明細は原本を用いてください。インターネットバンキングの場合は、実際にログインして画面を確認しましょう。現金預金の横領は証憑の偽造を伴うことが多く、カラーコピーによる通帳の改竄や電子データ画像の改竄等の隠蔽工作があり得るからです。

　原本を確認することは非常に重要です。従業員が多額の現金預金を横領した事件で、原本を確認しなかった監査役の責任が争点の1つとなった裁判[2]があるほどです。この裁判では株式会社の監査役という立場に適用される法令等を踏まえた判決であり、非営利組織の経理責任者とは異なる状況です。しかし、原本を見ることが経理の基本であり、この基本を怠ると様々な問題が生じるおそれがある、という意味では参考になる事例です。

■ カラ出張やカラ残業等防止の対応のポイント

　カラ出張とは、架空の出張申請により法人に旅費を不正請求することです。カラ残業は、実際には働いていないのに時間外勤務をしたことにして、時間外手当等を請求する行為です。これらの行為は、閉鎖的な職場であったり、特定の個人に業務が集中していたりする場合に発生しやすいと考えられます。

　旅費や人件費に関して、基本的な決裁の観点を解説します。基本を踏まえてチェックを怠らないようにしましょう。

1. 旅行命令書等との照合

　出張旅費の伝票が申請された際、その出張の必要性を確かめ、旅行行程に説明できない不審な点がないかを確かめます。伝票には出張の目的や行程、内部規程に沿った承認履歴が記載された文書が添付されている

はずです。これらの文書は、旅行命令書や出張計画書等と呼ばれます。伝票と旅行命令書等とを照合しましょう。

　説明できない不審な点とは、例えば以下のような状況です。

- 同一地点への頻繁な出張
- 出張目的が過度に一般的で曖昧
- 出張期間中にオフィス出勤した形跡がある
- 頻繁な土日を含む出張（私的旅行の疑い）

　また、不正ではありませんが、一般的に旅費支給に関する内部規程に照らして、支給金額が正しいかどうか等もチェックする必要があることも忘れないでください。

2. 上司の勤怠承認との照合

　カラ残業防止の観点としてまず重要なことは、残業に関する直属の上司による承認があるか、です。勤怠管理が IT 化され勤怠管理システムに残業承認等の機能が実装されているのであれば、残業時間データに関してシステム上の承認履歴を確かめましょう。もしも、紙や Excel ファイルで残業時間を集計している場合には、直属の上司がチェックしたデータであることを毎月確認しましょう。

　また、承認済みの時間数が用いられていたとしても、その部署の業務内容や繁忙時期等を踏まえて、以下の説明できないような時間外勤務がないか、注意しましょう。

- 前年度と比較して業務量が変わっていないはずの部署で時間外勤務が増える
- 単独での頻繁な休日出勤
- オフィス設備の法定点検日等で明らかに業務ができない日の残業

3. その他稟議書等の決裁書類との照合

　カラ残業やカラ出張の他にも、委託費等の架空の経費を申請、経費精算することで、不正な利益を得るような事案もあるかもしれません。

　注意すべき点はこれまでと同じで、法人内部の適切な手続を経て行われた取引かどうかに注意することです。具体的には、稟議書が考えられます。通常一定金額以上の収入・支出を伴う取引には伝票に稟議書を添付する仕組みとなっています。

　このような法人内手続が適切に実施されたことの確認を怠らないことで、不正の兆候を見落とさないようにしましょう。

ま　と　め

〈現金預金の横領〉

●銀行に送信する支払データの金額・件数等について、すべてが決裁済支払伝票と整合することを確かめる。

●月次等定期的に現金預金の帳簿残高と現金実際在高及び通帳・取引明細書等証憑との整合性を確かめる。

●原本を確認する習慣をつける。

〈カラ出張・カラ残業等〉

●伝票と旅行命令書等を照合し、出張の必然性を確かめる。

●カラ出張の兆候がないかに注意する。

●残業代の支払いに関して、勤怠管理記録の承認状況と照合する。

●カラ残業の兆候がないかに注意する。

●旅費や人件費以外の経費にも、架空経費による不正を防止するため、適切な法人内手続を経たものであることを稟議書等で確かめる。

● 注

1 一般社団法人日本公認不正検査士協会『2022年度版 職業上の不正と濫用に関する国民への報告書』https://www.acfe.jp/study/download-library/#jump1

2 令和1（受）1968損害賠償請求事件令和3年7月19日最高裁判所第二小法廷（集民第266号157頁）https://www.courts.go.jp/app/hanrei_jp/detail2?id = 90486

コラム　横領に対する伝票チェックの重要性

　ここまでの説明で、「発覚する可能性があるのに、なぜ横領する人がいるのか？」と思われたかもしれません。しかし、横領を行う人々は、ばれないと思っているのです。その理由は、上司が全くチェックしない、または十分なチェックができないと確信しているからだと考えられます。多くの場合、横領の原因はチェック不足にあります。

　日本の非営利組織における横領の原因分析に関する統計データはありませんが、総務省が公表している地方公務員の横領事例のデータが参考になります。

■ 2022（令和4）年度　地方公務員の汚職事件発生の要因

区　分	回答数	割合
1.　組織・制度上の問題	127	32.2%
（1）　監督の不十分	57	14.5%
（2）　特定職員への権限集中	28	7.1%
（3）　人事の停滞	22	5.6%
（4）　制度及び制度運用上の問題	20	5.1%
2.　職務遂行上の問題	104	26.4%
（1）　業務チェックの不備	65	16.5%
（2）　会計管理の不備	29	7.4%
（3）　公印等の管理の不備	10	2.5%
3.　職員としての資質の問題	131	33.2%
（1）　職員としての資質の欠如	109	27.7%
（2）　職員と業者の癒着	22	5.6%
4.　外部的要因による問題	5	1.3%
（1）　業者の競争	3	0.8%
（2）　社会的な要因	2	0.5%
5.　その他	27	6.9%
合計	394	100.0%

出典：汚職事件が発覚した地方公共団体等が、汚職事件発生の要因として指摘している事項（複数回答団体あり）をもとに筆者作成

　前の表は、総務省が発表した 2022 年（令和 4 年）度「地方公務員の懲戒処分等の状況[1]」における「2. 汚職事件について」のデータをもとに、地方公共団体で発覚した汚職事件発生の要因として指摘されている事項を集計したものです。ここで上位に挙げられる 3 つの要因のうち、第 2 位と第 3 位が「業務チェックの不備」と「監督の不十分」であり、チェック不足が横領の主要な原因の 1 つであることがわかります。つまり、上司のチェックは非常に重要なのです。

　経理経験があまりない場合、「自分に不正を見つけられるのか」と不安になるかもしれません。しかし、「職業上の不正と濫用に関する国民への報告書」によると、「事案の 12％は不正を隠蔽していない」とされています。適切にチェックしていれば、気づくことができた事案も存在したはずです。チェック自体はそれほど難しいものではありませんし、完璧ではなくても実施することが重要です。チェックが行われないと、不正が容易であると認識され、不正を誘発する可能性があります。

　不正防止のためには、定期的なチェックを行い、その姿勢を常に周囲に示すことが非常に重要です。

---

[1] 総務省 HP「令和 4 年度における地方公務員の懲戒処分等の状況（令和 4 年 4 月 1 日〜令和 5 年 3 月 31 日）」
https://www.soumu.go.jp/menu_news/s-news/01gyosei11_02000218.html

コラム　不正のトライアングルと伝票チェックの効果

　伝票チェックがなぜ不正防止に効果的なのかを「不正のトライアングル」に照らして説明します。このトライアングルは経理業界で広く認識されている理論で、もしご存じない場合は、この機会にぜひ理解しておいてください。

　不正のトライアングルとは、不正が発生するために必要な3つの要素を示した概念です。次の表は、この3つの要素を表にまとめたものです。この概念はアメリカの研究者によって提唱され、「火事」が発生するメカニズムを参考にしています。

　不正はこれらの3つの要素が揃うことで起こりやすくなります。したがって、伝票チェックによってこれらの要素の一部を取り除くことで、不正を未然に防ぐことが可能です。

　不正を火事に喩えるのは、火事が起こる原理に基づいています。日本の消防庁消防大学校の消防研究センターのHPでは、燃える原理は「火の三角形」[1]という概念を使って燃焼の原理を説明しています。これは、可燃物、酸素、熱の3つの要素が揃わないと火事は起こらないという考え方です。この3つを同時に存在させないことが防火の基本とされています。

　この考え方を不正防止に応用すると、不正が発生するためには「機会」「動機・プレッシャー」「姿勢・正当化」という3つの要素が揃う必要があるということです。したがって、不正を防ぐためには、この3つの要素をいずれか1つだけでも減らせるように対策を講じることが重要です。

　上司による伝票チェックは、不正の「機会」を減らす効果があります。「動

■ 不正の3要素

要素	概要
動機 プレッシャー	個人を不正行為に走らせる動機やプレッシャー
機会	発見されることなく不正を実行できるという確信を個人に与える機会や認識された機会
姿勢・正当化	不正行為の実行を内心で正当化できる姿勢や合理化

出典：トレッドウェイ委員会支援組織委員会著、八田進二・神林比洋雄・橋本尚
　　　監訳『不正リスク管理ガイド』2017年10月、日本公認会計士協会出版局、
　　　p.39を参考に筆者作成。

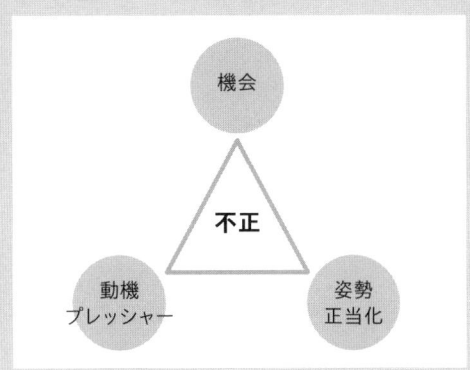

■ 不正のトライアングル

機会

不正

動機
プレッシャー

姿勢
正当化

出典：トレッドウェイ委員会支援組織委員会著、八田進二・
神林比洋雄・橋本尚監訳『不正リスク管理ガイド』
2017年10月、日本公認会計士協会出版局、p.39を参考
に筆者作成

機・プレッシャー」や「姿勢・正当化」といった要素は個人の心理に関わるため、直接介入するのは難しいですが、チェックは現実的に行える対策です。一見地味に見えるかもしれませんが、地道なチェックが不正を防ぎ、健全な法人運営を支える重要な役割を果たします。

---

1 消防庁消防大学校消防研究センターHP「FAQ よくある質問　ものはなぜ燃えるのか 火の三角形」 http://nrifd.fdma.go.jp/public_info/faq/combustion/index.html

健全経営は伝票から！ 適正な決算書の作成による トラブル防止

　　Ⅲ部では、一見すると大きな問題に見えない会計処理のミスが、なぜ決算書の段階で重要な問題となるのかを解説します。さらに、よくある会計処理のミスの事例を紹介し、それぞれの事例において伝票決裁時に注意すべきポイントを挙げています。伝票上でトラブルの予兆を発見しにくいトラブルについては、予防効果が期待できる会計処理業務の取組方法を解説します。

経理ミスによる不正確な決算書が財務規制違反等のトラブルを起こす理由

各法人制度の財務規制

1. 経理ミスによる決算書への影響と財務規制違反の例

　非営利組織では、決算書の数値を基準にした財務規制が設けられることがあります。例えば、収益事業に対する規制がそれに該当します。非営利組織は利益追求を主目的としていないため、税制上の優遇措置を受けています。他の法人形態（例えば株式会社）との公平性を確保するため、利益や収益事業の規模に一定の制限が設けられることがあります。

　経理ミスがこれらの規制に与える影響は重要です。仮に経理ミスによって費用を過大に計上してしまうと、表面上の利益が実際よりも少なく見えることがあります。そのため、法人が規制に抵触していないと誤解し、結果として収益事業の規模を拡大する等の間違った判断を下す可能性があります。このような誤りが監査や検査で発覚した場合、重大な指摘事項となるおそれがあります。最悪の場合には、法人の根幹を揺るがす事態にも発展しかねません。

2. 各法人制度における規制の例

　このような経理ミスが影響する財務の規制について、具体的な例をいくつか挙げます。経理ミスは貸借対照表や正味財産増減計算書等の決算書の誤りにつながるため、決算書の数値を基準とする規制に抵触するおそれがあることがわかると思います。

（1）公益法人制度の財務3基準の例

　公益法人制度では、公益認定を受けるために以下のような要件が定められています。主な認定基準としては、収支相償は利益の額、公益目的事業比率は費用の額、遊休財産制限は資産の額といったものが挙げられます。経理ミスが発生すると、これらの基準に基づいた適切な判断ができなくなってしまいます。これらの要件の詳細は、区分経理と密接に関連しているため、第Ⅲ部 **2**「区分経理の誤り」で詳しく解説します。

- 収支相償：公益法人は、その公益目的事業を行うに当たり、当該公益目的事業の実施に要する適正な費用を償う額を超える収入を得てはならない（「公益社団法人及び公益財団法人の認定等に関する法律」第 14 条 ▶条文 ）。
- 公益目的事業比率：公益法人は、毎事業年度における公益目的事業比率が百分の五十以上となるように公益目的事業を行わなければならない（「公益社団法人及び公益財団法人の認定等に関する法律」第 15 条 ▶条文 ）。
- 遊休財産制限：毎事業年度の末日における遊休財産額について、当該事業年度における公益目的事業の実施に要した費用を基礎として内閣府令で定めるところにより算定した額を超えてはならない（「公益社団法人及び公益財団法人の認定等に関する法律」第 16 条 ▶条文 ）。

（2）社会福祉法人制度の例

　社会福祉法人制度では、毎会計年度において、貸借対照表の「資産の部」に計上した額から「負債の部」に計上した額を控除した差額が、事業継続に必要な財産額を上回るかどうかを算定します。この結果、財産額が必要額を上回っている場合、「社会福祉充実残額」として認識されます。社会福祉充実残額が存在する場合、それを財源として、既存の社

会福祉事業や公益事業を充実させる計画（「社会福祉充実計画」）を策定し、この計画に基づいて「社会福祉充実事業」の実施が求められます（「社会福祉法」第55条の2 ▶条文）。

　資産や負債の金額に誤りがあると、これらの判断が適切に行えなくなってしまいます。

（3）私立学校法人制度の例

　私立学校法人の収益事業の規模は、概ね「全収益事業に関する売上高及び営業外収益＜学校法人全体の帰属収入＝100」の範囲であること、「連続3ヶ年度、下記規模を超えた場合には、文部科学省に相談の上、事業の見直し（事業縮小や当該事業の実施にふさわしい法人の設立）を検討すること。」が求められています[1]。

　収益の計上漏れ等の経理ミスがあると、これらの規制の遵守状況を適切に把握できなくなるため、誤って事業規模を拡大してしまう可能性があります。

3. 経理ミスの類型別の決算書への影響

　一見すると単純な修正で済むかのように思える経理ミスでも、正確な財務状況を把握できなくなり、結果として財務規制に抵触する可能性があります。このような経理ミスの例をまとめたものが、次の表に示されています。

　なお、この表にはありませんが、第Ⅱ部で紹介した経理ミスの事例も、もちろん決算書に影響します。さらに次の表を見てください。例えば、二重払いは費用の過大計上となり、利益の過少計上につながります。第Ⅱ部で紹介した個別伝票単位で直接トラブルにつながりやすい経理ミスについても、決算書の段階での誤りの原因になることは同じです。

■ 経理ミスの類型別決算書への影響の例

経理ミス	決算書への影響	該当する章
区分経理を誤る	各法人制度の非営利事業と収益事業等の会計区分において資産、負債、収益及び費用が過大または過少となる	第Ⅲ部 2 区分経理の誤り
固定資産の計上が漏れる	使用可能な期間にわたり減価償却を行って費用計上すべきところ、一括で費用計上してしまうためその年度の費用が過大になる	第Ⅲ部 3 固定資産計上漏れ
固定資産と同様に扱う修繕費を見落とす	同上	第Ⅲ部 3 修繕費の判断誤り
誤った耐用年数を設定する	誤って短くした場合、1つの事業年度への配分額が過大になる 誤って長くした場合、1つの事業年度への配分額が過少になる	第Ⅲ部 3 固定資産の耐用年数設定誤り
事業供用日を誤って先取りする	取得したものの事業の用に供していない固定資産の減価償却を開始してしまうことで、減価償却費が過大になる	第Ⅲ部 3 事業供用日設定誤り
前払費用の計上が漏れる	当年度の支出の中に、次年度以降の費用が含まれており、当該金額分の費用が過大になる	第Ⅲ部 4 前払費用計上漏れ
未払費用の計上が漏れる	支出が未了だがすでに完了した他者からの役務提供に関する費用計上が漏れてしまい、費用が過少計上となる	第Ⅲ部 4 未払費用計上漏れ
未収収益の計上が漏れる	入金は未了だがすでに完了している自らの役務の提供に関する収益計上が漏れてしまい、収益が過少計上となる	第Ⅲ部 4 未収収益計上漏れ
前受収益の計上が漏れる	入金済みだが、まだ自らの役務提供が完了していない部分について、前受収益の計上漏れにより収益が過大計上となる	第Ⅲ部 4 前受収益計上漏れ
期ずれ	決算日前後の取引で、次年度以降のものとすべき損益等を当年度の決算に計上してしまうことにより過大計上となる 決算日前後の取引で、本来は当年度のものとすべき損益等を次年度以降の決算に計上してしまうことにより過少計上となる	第Ⅲ部 5 期ずれ

■ 二重払いの影響の例

正しい決算

X 1 年度	
収益	1,000
費用A	100
費用B	300
費用C	200
費用合計	600
差引利益	400

二重計上のミス

X 1 年度	
収益	1,000
費用A	100
費用B	300
費用C	200
費用C′	**200**
費用合計	800
差引利益	200

費用Cを誤って
二重計上し、
本来は不要なC′が
計上されている

二重計上した費用C′が原因で、
本来は400の利益が200になる

税の申告誤り

1. 経理ミスと税の申告誤りとの関係

　経理ミスは税金のトラブルの原因にもなります。例えば、収益事業に法人税が課税される場合、法人税は収益事業から生じる利益に一定率を乗じて計算し申告・納付します。ここで、例えば、期ずれのような経理ミス（第Ⅲ部 5 で詳細を説明します）があったとします。具体的には、次の図のように翌事業年度のものとすべき費用を誤って当事業年度の費用として計上してしまうミスです。すると、当事業年度の利益は本来あるべき金額よりも過少となり、その過少となった利益に一定率を乗じて計算した法人税額も過少となってしまいます。

　このような過少申告が税務調査で見つかった場合、次節のようなペナルティが課せられてしまいます。

■ 期ずれによる法人税の過少申告

X1年度	
X1収益	1,000
費用A	100
費用B	300
費用C	**200**
費用合計	600
差引利益	**400**

X2年度	
X2収益	・・・
費用D	・・・
費用E	・・・
費用合計	・・・
差引利益	・・・

本来は翌年度決算に計上すべき費用Cを誤って当年度決算に計上してしまった

差引利益は費用Cを含めない600だが、誤って400となり、その分法人税額が過少となってしまう

2. 加算税・延滞税とは

　法人税を納付しなかったり、あるべき納税額よりも実際の納税額が少なかったりすることが税務調査で明らかになった場合、いわゆるペナル

■ 加算税と延滞税

種類		概要
加算税		申告納税制度の定着と発展を図るため、申告義務が適正に履行されない場合に課されるもので、一種の行政制裁的な性格を有する
	過少申告加算税	期限内申告について、修正申告・更正があった場合
	無申告加算税	①期限後申告・決定があった場合、②期限後申告・決定について、修正申告・更正があった場合
	不納付加算税	源泉徴収等による国税について、法定納期限後に納付・納税の告知があった場合
	重加算税	仮装隠蔽があった場合
延滞税		法定納期限を徒過し履行遅滞となった納税者に課される税（遅延利息に相当）

注　：（　）は出典に筆者が補足した部分です。

出典：財務省HP「加算税の概要」https://www.mof.go.jp/tax_policy/summary/tins/i01.htm
　　　財務省HP「延滞税・利子税・還付加算金について」https://www.mof.go.jp/tax_policy/summary/tins/i01.htm#a05

ティが法人に課せられることがあります。具体的には、加算税と延滞税です。このようなことを予防するためにも、伝票決裁時に経理ミスの予兆を見落とさないようにしましょう。

正確な帳簿作成に関する法令上の義務

正確な会計処理はそもそもの法人制度における要件の維持や正しい納税のために不可欠です。このため、各法人制度では帳簿を正確に作成しなければならないことが法令等で明記されています。以下で、一般社団法人財団法人、社会福祉法人、学校法人、医療法人、NPO法人の各制度における正確な帳簿作成義務の条文を示します。なお、宗教法人のように明記されていない場合もありますが、その重要性に変わりはありません。

また、第Ⅰ部**1**「経理ミスによる個人への罰則」で解説したとおり、役員個人に罰則が科せられる場合もあります。これらの各法人制度における法令等からも、経理ミスを予防することの重要性がわかると思います。

一般社団法人・財団法人（公益法人の場合も含む）

「一般社団法人及び一般財団法人に関する法律」（平成18年法律第48号）

> 第二章　一般社団法人
>
> 第四節　計算
>
> 第一款　会計の原則
>
> 第百十九条　一般社団法人の会計は、その行う事業に応じて、一般に公正妥当と認められる会計の慣行に従うものとする。
>
> 第二款　会計帳簿
>
> （会計帳簿の作成及び保存）
>
> 第百二十条　一般社団法人は、法務省令で定めるところにより、**適時**

に、正確な会計帳簿を作成しなければならない。

〈省略〉

第三章　一般財団法人

第三節　計算

第百九十九条　前章第四節（第百二十一条第一項後段及び第二項並びに

　　第百二十六条第一項第一号、第二号及び第四号を除く。）の規定は、一

　　般財団法人の計算について準用する。〈省略〉

「公益社団法人及び公益財団法人の認定等に関する法律」(平成18年法律第49号)

第二章　公益法人の認定等

第一節　公益法人の認定

（公益認定の基準）

第五条　行政庁は、前条の認定（以下「公益認定」という。）の申請をし

　　た一般社団法人又は一般財団法人が次に掲げる基準に適合すると認め

　　るときは、当該法人について公益認定をするものとする。

〈省略〉

　二　公益目的事業を行うのに必要な**経理的基礎及び技術的能力**を有す

　　るものであること。

〈省略〉

社会福祉法人

「社会福祉法」（昭和26年法律第45号）

第六章　社会福祉法人

第四節　計算

第二款　会計帳簿

（会計帳簿の作成及び保存）

第四十五条の二十四　社会福祉法人は、厚生労働省令で定めるところに

　　より、**適時に、正確な会計帳簿を作成しなければならない。**

〈省略〉

私立学校法人

「学校法人会計基準」（昭和46年文部省令第18号）

第一章　総則

（会計の原則）

第二条　学校法人は、次に掲げる原則によつて、会計処理を行ない、計算書類を作成しなければならない。

一　財政及び経営の状況について真実な内容を表示すること。

二　すべての取引について、複式簿記の原則によつて、**正確な会計帳簿を作成すること。**

三　財政及び経営の状況を正確に判断することができるように必要な会計事実を明りように表示すること。

四　採用する会計処理の原則及び手続並びに計算書類の表示方法については、毎会計年度継続して適用し、みだりにこれを変更しないこと。

医療法人

「医療法」（昭和23年法律第205号）

第六章　医療法人

第四節　計算

第五十条の二　医療法人は、厚生労働省令で定めるところにより、**適時に、正確な会計帳簿を作成しなければならない。**

〈省略〉

NPO法人

「特定非営利活動促進法」（平成10年法律第7号）

第二章　特定非営利活動法人　第三節　管理

（会計の原則）

第二十七条　特定非営利活動法人の会計は、この法律に定めるもののほか、次に掲げる原則に従って、行わなければならない。

一　削除

二　**会計簿は、正規の簿記の原則に従って正しく記帳すること。**

三　計算書類（活動計算書及び貸借対照表をいう。次条第一項において同じ。）及び財産目録は、会計簿に基づいて活動に係る事業の実績及び財政状態に関する真実な内容を明瞭に表示したものとすること。

四　採用する会計処理の基準及び手続については、毎事業年度継続して適用し、みだりにこれを変更しないこと。

ま と め

- ●直接的な損害を及ぼさなかったとしても、経理ミスによって適正な決算ができないと、様々なトラブルが生じてしまう。経理ミスは単なる事務ミスではなく、法人運営に重要な影響を及ぼす可能性があることを理解する。
- ●非営利組織には決算書の数値に関する法令上の規制があり、誤った会計処理をすると正確な財政状態や運営状況を把握できず、財務規制に抵触してしまうおそれがある。
- ●経理ミスが法人税の申告誤りにつながることがある。例えば、費用の過大計上や収益の計上漏れによる利益の過少計上は、法人税の過少申告につながり、税務調査で発覚すると加算税や延滞税が課せられるおそれがある。
- ●帳簿の不正確さは法人制度の要件維持や適正な納税の妨げとなるため、各法人制度において正確な帳簿作成が法令で求められている。経理ミスの防止は、法令遵守および役員個人への罰則回避のためにも重要。

コラム　経理の基礎：規程等と内部統制

　非営利組織では、法令に基づいた正確な会計処理が求められています。このためには、法人内部の体制を整備することが不可欠です。この体制を整備するための第一歩が、規程やマニュアルの整備です。これにより、法人内部で「何が正しい会計処理か」を明確にし、それに従って行動することで正しい結果を生み出すことができます。

　この規程やマニュアルの整備及びその実行が、いわゆる内部統制です。内部統制とは、組織の経営管理におけるリスク管理の仕組みを指します。リスク管理とは、事前にトラブルを予測し、そのトラブルを防止するための対策を講じること、またはトラブルが発生した際に迅速に対応できる体制を整えることです。まさに本書で説明してきたようなトラブルに備えることが内部統制に当たります。

　内部統制という言葉には、時折ネガティブなイメージがつきまとうかもしれま

せん。しかし、その本質はリスク管理であり、組織が健全に運営されるための重要な仕組みです。例えば、適切な規程やマニュアルを整備することで、不正やミスを未然に防ぎ、トラブル発生時には迅速に対応することが可能になります。

したがって、規程やマニュアルの整備は、単に書類を作成するだけでなく、法人全体のリスク管理を強化し、健全な経営を支える重要な取組みなのです。内部統制を適切に行うことで、法人はより信頼性の高い運営が可能となり、その社会的信用も向上します。

この観点から見れば、内部統制は決してネガティブなものではなく、むしろ組織の健全性を保ち、成長を支えるポジティブな仕組みであることが理解できるでしょう。

● 注

[1] 「文部科学大臣所轄学校法人が行う付随事業と収益事業の扱いについて（通知）」20 文科高第 855 号、平成 21 年 2 月 26 日。

本章と関係する法律条文・資料抜粋

公益社団法人及び公益財団法人の認定等に関する法律（平成 18 年法律第 49 号）

第二章　公益法人の認定等

第二節　公益法人の事業活動等

第一款　公益目的事業の実施等

（公益目的事業の収入）

第十四条　公益法人は、その公益目的事業を行うに当たり、当該公益目的事業の実施に要する適正な費用を償う額を超える収入を得てはならない。

（公益目的事業比率）

第十五条　公益法人は、毎事業年度における公益目的事業比率（第一号に掲げる額の同号から第三号までに掲げる額の合計額に対する割合をいう。）が百分の五十以上となるように公益目的事業を行わなければならない。

　一　公益目的事業の実施に係る費用の額として内閣府令で定めるところにより算定される額

　二　収益事業等の実施に係る費用の額として内閣府令で定めるところにより算定される額

　　三　当該公益法人の運営に必要な経常的経費の額として内閣府令で定めるところにより算定される額

（遊休財産額の保有の制限）

第十六条　公益法人の毎事業年度の末日における遊休財産額は、公益法人が当該事業年度に行った公益目的事業と同一の内容及び規模の公益目的事業を翌事業年度においても引き続き行うために必要な額として、当該事業年度における公益目的事業の実施に要した費用の額（その保有する資産の状況及び事業活動の態様に応じ当該費用の額に準ずるものとして内閣府令で定めるものの額を含む。）を基礎として内閣府令で定めるところにより算定した額を超えてはならない。

社会福祉法（昭和 26 年法律第 45 号）

第六章　社会福祉法人

第七節　社会福祉充実計画

（社会福祉充実計画の承認）

第五十五条の二　社会福祉法人は、毎会計年度において、第一号に掲げる額が第二号に掲げる額を超えるときは、厚生労働省令で定めるところにより、当該会計年度の前会計年度の末日（同号において「基準日」という。）において現に行つている社会福祉事業若しくは公益事業（以下この項及び第三項第一号において「既存事業」という。）の充実又は既存事業以外の社会福祉事業若しくは公益事業（同項第一号において「新規事業」という。）の実施に関する計画（以下「社会福祉充実計画」という。）を作成し、これを所轄庁に提出して、その承認を受けなければならない。ただし、当該会計年度前の会計年度において作成した第十一項に規定する承認社会福祉充実計画の実施期間中は、この限りでない。

　　一　当該会計年度の前会計年度に係る貸借対照表の資産の部に計上した額から負債の部に計上した額を控除して得た額

　　二　基準日において現に行つている事業を継続するために必要な財産の額として厚生労働省令で定めるところにより算定した額

2 区分経理の誤り

まさかのできごと

　ある公益法人で行政庁による立ち入り検査が行われた際、問題が発生しました。この公益法人は収益事業があり、公益事業と収益事業を区分して経理する義務があります。また、公益法人としての認定を維持するためには、公益目的事業比率が 50％以上でなければなりません。この比率は、公益実施費用額を、公益実施費用額、収益等実施費用額、管理運営費用額の合計で割ったものです。

　検査中、いくつかの伝票入力ミスが見つかりました。特に問題となったのは、収益事業に関連する支出が誤って公益事業の支出として記録されていたケースです。さらに調査を進めると、同様の経理ミスが複数存在していることが判明しました。これらの経理ミスを訂正すると、公益目的事業比率が 50％を下回る可能性が出てきました。

　経理部門は、すぐにすべての伝票を再確認し、誤記入がないか厳重に調査を行いました。その結果、公益目的事業比率に問題はありませんでしたが、危うく公益法人としての認定要件に抵触するところでした。

区分経理とは

　区分経理とは、法人の事業等の区分ごとに財政状態や運営状況を把握できるように、その区分ごとに帳簿を作成することです。どの程度まで細かく区分するかは、各法人制度や各法人の事業等の性質によって異なります。一般的には、事業等の区分ごとに貸借対照表（ストック情報に関する決算書）や正味財産増減計算書等（フロー情報に関する決算書）が作成できる程度に区分します。

　事業等の財政状態や経営状態を個別に把握する理由は3つあり、主に法制度上の要請、税務上の要請、実務上の要請によるものです。

- 制度上の要請：例えば、収益事業等の規模に対する一定の制限等、非営利の法人制度の趣旨である公益性維持のために設けられた制度上の要請に対応するために、個々の事業ごとに財政状態と経営成績の把握の必要がある。
- 税務上の要請：税金を正確に計算するために、課税される事業についての取引を漏れなく集計する必要がある。
- 実務上の要請：個々の事業等の財政状態と経営成績が詳細に示されることで、総会、理事会等の経営管理に関する意思決定に役立つ。また、利害関係者への説明責任をより詳細に果たすことができる。

1. 公益法人制度で求められる区分経理の例

　例として公益法人制度を見てみます。公益法人では、公益認定を受けた各公益事業（公益目的事業会計）、収益事業（収益事業等会計）、公益目的事業や収益事業等に属さない管理業務やその他全般的業務（法人会計）の3区分での経理[1]が求められています。この区分は公益認定を受ける上で非常に重要です。公益認定とは、一般社団法人・財団法人が

「公益社団法人及び公益財団法人の認定等に関する法律」で定める各種要件を満たしていることを行政庁に申請し、行政庁から承認してもらうプロセスです。公益認定には様々な要件がありますが、そのうち区分経理と直接関わる重要な要件が3つあります。

(1) 収支相償

まず、「収支相償」について説明します。「公益法人は、その公益目的事業を行うに当たり、当該公益目的事業の実施に要する適正な費用を償う額を超える収入を得てはならない。」（「公益社団法人及び公益財団法人の認定等に関する法律」第14条 ▶条文 ）とされています。この要件の判定は、主に区分経理された正味財産増減計算書の数値で行います。このため、公益目的事業と収益等事業の伝票を誤って入力すると、この判定が適切に行えないおそれがあります。

また、この要件が「黒字は許されない」と誤解されがちですが、公益法人にも健全な運営が必要です。単年度での収支均衡が常に必要とされているわけではなく、中長期的に収支の均衡を図る趣旨[2]であることを理解してください。

(2) 公益目的事業比率

2つ目は公益目的事業比率です。公益目的事業比率が50%以上となることが求められます。「公益法人は、毎事業年度における公益目的事業比率）が百分の五十以上となるように公益目的事業を行わなければならない。」（「公益社団法人及び公益財団法人の認定等に関する法律」第15条 ▶条文 ）とされています。この比率の計算も主に区分経理された正味財産増減計算書の数値で行います。

(3) 遊休財産保有制限

遊休財産制限とは、毎事業年度の末日における遊休財産額について、

当該事業年度における公益目的事業の実施に要した費用を基礎として内閣府令で定めるところにより算定した額を超えてはならないという制限（「公益社団法人及び公益財団法人の認定等に関する法律」第16条 ▶条文 ）です。不必要な財産肥大化防止のため、公益法人が保有する財産を当該事業年度に行った公益目的事業と同一の内容及び規模の公益目的事業を翌事業年度においても引き続き行うために必要な額までに限定するという趣旨です。

　以上の3つの基準は、公益認定要件における財務3基準と呼ばれています。いずれの要件でも区分経理が適切でないと、要件に当てはまっているかどうかを適切に判定できません。その結果、公益認定の維持に支障をきたしてしまうかもしれません。

■ 正味財産増減計算書事業別区分経理のイメージ

科目	公益目的事業会計				収益事業等会計				法人会計	内部取引等消去	合計
	A事業	B事業	共通	小計	a事業	b事業	共通	小計			
基本財産運用益											
事業収益											
寄附金											
受取補助金											
・・・											
経常収益計											
（2）経常費用											
事業費											
役員報酬											
職員給与											
・・・											
旅費交通費											
通信運搬費											
減価償却費											
消耗品費											
印刷製本費											
・・・											
経常費用計											
・・・											

2. 公益法人制度で求められる区分経理のイメージ

　左の表は、公益法人を例とした場合の区分経理のイメージです。

　このイメージでは、事業等に対応して列が異なっています。自分がどの列の伝票を決裁しているのか、ゴールをイメージすることが重要です。もしも収益事業等に該当する費用の伝票を誤って公益目的事業の区分で計上してしまったら、公益目的事業費の金額に誤りが生じます。すると、公益目的事業費を用いて判断する、公益目的事業の収支相償、公益目的事業費比率制限、遊休財産制限の判定を誤ってしまいます。また、収益事業で法人税が課税される場合は、収益事業の収益の過少計上や費用の過大計上により法人税の申告誤りになってしまうおそれもあります。

3. 各法人制度での区分経理の要請

　1. と 2. では公益法人を例にしましたが、他の非営利組織でも区分経理が求められています。例として、次の表で社会福祉法人、私立学校法人、社会医療法人、特定非営利活動法人制度における区分経理を挙げます。

■ 各法人制度の区分経理の要請

法人類型	法律	会計区分
社会福祉法人	「社会福祉法」第26条2項 ■条文	社会福祉事業、公益事業、収益事業との会計区分
私立学校	「私立学校法」第26条3項 ■条文	当該学校法人の設置する私立学校の経営に関する会計と収益事業との会計区分
社会医療法人	「医療法」第42条の2の3項 ■条文	病院、診療所、介護老人保健施設又は介護医療院等の業務に関する会計と収益業務との会計区分
NPO法人	「特定非営利活動促進法」第5条2項 ■条文	特定非営利活動に係る事業とその他の事業との会計区分

区分経理誤り防止の対応のポイント

1. 区分経理の切り口の理解

伝票決裁時に区分経理が適切かどうかチェックするには、区分経理の切り口を理解する必要があります。切り口とはいうのは、会計単位を何で区分しているか、ということです。公益法人の例で言えば、事業単位となりますが、事業の境目は法人によって異なります。

例えば、部署と事業が一対一で対応しているなら、部署別に伝票を作成すれば事業別になります。しかし、同じ部署で複数の会計区分の事業を行っている場合もあります。このような場合は、部署以外の切り口で会計区分を把握できるようにしているはずです。部署以外の切り口としては、例えば、予算科目です。予め予算科目と会計区分の紐づけを行い、支出をする際に必ず予算科目を選択すると、1つの部署で複数の事業を行っていても適切に区分して伝票作成を実施することができます。プロジェクト別に予算を立て、そのプロジェクト予算からの支出を特定の会計区分と紐づける方法も考えられます。

2. 自動化による防止

1. のような区分経理の切り口は、通常会計システムや会計ソフトで自動化されています。部署と会計区分が一対一対応であれば、ある部署で作成される伝票は特定の会計区分に自動的に集計されるようになっていることが多いはずです。自動的に対応する会計区分に集計される仕組みであれば、伝票決裁時に特に注意する必要はありません。ただし、これは会計システムや会計ソフトの設定が正しく行われていることが前提です。例えば、会計システムの新規導入の際に、誤った設定がなされるおそれがあります。また、組織改革に伴う組織体系の変更、事業の改廃等が反映されないことも考えられます。

着任時にどのような自動化がなされているか理解するとともに、適時

のアップデートがなされているかも確認しましょう。

3. 予算科目等選択の正確性チェック

　次に、予算科目等の選択誤りについて考えます。予算科目やプロジェクト別予算を会計区分に紐づける場合、複数の予算科目等が存在する部署では選択誤りの可能性があります。

　このようなミスは通常目視でのチェックが必要ですが、発見は困難です。なぜなら、単に証憑に記載された事実と伝票の記載内容を照合するだけではなく判断が必要となるからです。重要なチェックポイントは、会計区分における特徴と取引内容が整合しているかどうかです。各会計区分には、対応する事業、部署、予算額、財源等の特徴があります。例えば、年間予算額が小さい会計区分で多額の支出が計上された場合、予算科目の選択に誤りがあるかもしれません。

　このように、会計区分の特徴と矛盾しないか注意深く確認しましょう。

〈会計区分の特徴の例〉
- 事業：会計区分に対応する事業の内容
- 部署：会計区分に対応する部署、その人員規模
- 予算額：会計区分の年間予算額、主な使途
- 財源：会計区分の財源構成

　ただし、主観的なチェックには限界があります。例えばあるプロジェクトの予算に基づく支出をプロジェクトメンバーのみが申請できるようなシステムを導入するなど、できる限り自動化することが望まれます。

4. 現場を見ることの重要性（現地、現物、現人）

　3. を読んで、「会計監査の専門家でないのに会計区分の不自然さを感知するのは無理だ」と考えた方もいるかもしれません。確かに、考慮す

べきポイントは多く、ケースバイケースでの判断が必要なため、確実な対応が困難であることは事実です。

　しかし、比較的容易に実行可能で、費用対効果の高い方法があります。それは会計区分に対応する事業や部署の「現場を訪れる」ことです。百聞は一見に如かずと言われるように、現地に行って場所の様子を把握し、使用設備を見て、現地で働いている人に話を聞くことが有効です。これら3つの行動を通じて、会計区分に対する理解が深まります。

　現地に行く機会としては、経理所管部署による定期研修、決算前の説明会での提出資料の締め切りの周知、現金や資産管理状況の定期監査等が挙げられます。非営利組織の担当者との話から、コロナの影響で対面研修や説明会が中断し、再開されなかったりオンラインに切り替えられたりして、現場訪問の機会が減っていることもわかります。効率化は重要ですが、経理の勘を養うには現場訪問も重要です。なお、現地、現物、現人は「3現」[3]と言い、安全工学に由来する考え方です。経理以外の業務にも役立つ知識ですので、覚えておいて損はありません。

ま　と　め

●区分経理の切り口（事業や部署、予算科目等）を理解し、適切に区分されているか確認する。

●自動化する。部署や予算科目を選択すると自動的に正しい会計区分が選択されるような仕組みを設ける。

●自動化できない場合は、会計区分の特徴と取引内容との整合性に注意して、区分経理が正しいかどうか確かめる。

●会計区分に対応する事業や部署の具体的なイメージを持つ。3現の法則が有用。

コラム　タクシーの領収書の会計処理は奥が深い？

　ある非営利組織で、経理担当者がタクシーの領収書の伝票を作成している場面に居合わせました。その際の雑談で出た話題です。それは「タクシーの領収書の会計処理には予想以上の複雑さがある」というものです。

　一見、タクシーの領収書の処理は日付と金額を確認し、適切な勘定科目を選ぶだけの簡単な作業に思えますが、実際には様々な事情を考慮した処理が必要です。

- ●業務との対応関係：法人としての支出が適切かどうかを判断する。例えば、休日に個人で利用したタクシーを経費として申請することは不適切である。
- ●規程への準拠性：旅費規程に照らして、支給が可能かどうかを検討する。タクシー利用は、他の公共交通機関が利用できない場合に限定されることがある。
- ●固定資産の取得原価の構成：特定の固定資産を取得する目的で出張した場合、そのための付随費用は固定資産の取得原価を構成すべきで、通常の費用としての計上は不適切である。

　経理担当者は日々の業務を淡々とこなしていますが、多くの考慮事項を瞬時に判断しながら会計処理を行っています。AIが経理業務を代替できる日も来るかもしれませんが、現段階ではまだまだ人の判断が不可欠であると感じます。

◉ 注

1　公益法人 Information HP「公益認定等に関する運用について（公益認定等ガイドライン）内閣 18. 認定法第 19 条関係〈収益事業等の区分経理〉」2008 年 4 月（2019 年 3 月改定）、内閣府公益認定等委員会、p.18

2　公益法人 information HP「公益法人制度等におけるよくある質問（FAQ）　問Ⅴ‐2‐⑤（収支相償）」令和 5 年 12 月版、内閣府

3　畑村洋太郎監修、小川こうじ作画『まんがでわかる 失敗学のすすめ』2017 年、KADOKAWA、p.118。

公益社団法人及び公益財団法人の認定等に関する法律（平成 18 年法律第 49 号）

第二章　公益法人の認定等

第二節　公益法人の事業活動等

第一款　公益目的事業の実施等

（公益目的事業の収入）

第十四条　公益法人は、その公益目的事業を行うに当たり、当該公益目的事業の実施に要する適正な費用を償う額を超える収入を得てはならない。

（公益目的事業比率）

第十五条　公益法人は、毎事業年度における公益目的事業比率（第一号に掲げる額の同号から第三号までに掲げる額の合計額に対する割合をいう。）が百分の五十以上となるように公益目的事業を行わなければならない。

　一　公益目的事業の実施に係る費用の額として内閣府令で定めるところにより算定される額

　二　収益事業等の実施に係る費用の額として内閣府令で定めるところにより算定される額

　三　当該公益法人の運営に必要な経常的経費の額として内閣府令で定めるところにより算定される額

（遊休財産額の保有の制限）

第十六条　公益法人の毎事業年度の末日における遊休財産額は、公益法人が当該事業年度に行った公益目的事業と同一の内容及び規模の公益目的事業を翌事業年度においても引き続き行うために必要な額として、当該事業年度における公益目的事業の実施に要した費用の額（その保有する資産の状況及び事業活動の態様に応じ当該費用の額に準ずるものとして内閣府令で定めるものの額を含む。）を基礎として内閣府令で定めるところにより算定した額を超えてはならない。

社会福祉法（昭和 26 年法律第 45 号）

第六章　社会福祉法人

第一節　通則

（公益事業及び収益事業）

第二十六条　社会福祉法人は、その経営する社会福祉事業に支障がない限り、公益を目的とする事業（以下「公益事業」という。）又はその収益を社会福祉事業若しくは公益事業（第二条第四項第四号に掲げる事業その他の政令で定めるものに限る。第五十七条第二

号において同じ。）の経営に充てることを目的とする事業（以下「収益事業」という。）
を行うことができる。

2　公益事業又は収益事業に関する会計は、それぞれ当該社会福祉法人の行う社会福祉事
業に関する会計から区分し、特別の会計として経理しなければならない。

私立学校法（昭和 24 年法律第 270 号）

第三章　学校法人

第一節　通則

（収益事業）

第二十六条　学校法人は、その設置する私立学校の教育に支障のない限り、その収益を私
立学校の経営に充てるため、収益を目的とする事業を行うことができる。

2　〈省略〉

3　第一項の事業に関する会計は、当該学校法人の設置する私立学校の経営に関する会計
から区分し、特別の会計として経理しなければならない。

医療法（昭和 23 年法律第 205 号）第 42 条の 2 の 1 項、3 項。

第六章　医療法人

第一節　通則

第四十二条の二　医療法人のうち、次に掲げる要件に該当するものとして、政令で定める
ところにより都道府県知事の認定を受けたもの（以下「社会医療法人」という。）は、そ
の開設する病院、診療所、介護老人保健施設又は介護医療院（指定管理者として管理す
る病院等を含む。）の業務に支障のない限り、定款又は寄附行為の定めるところにより、
その収益を当該社会医療法人が開設する病院、診療所、介護老人保健施設又は介護医療
院の経営に充てることを目的として、厚生労働大臣が定める業務（以下「収益業務」と
いう。）を行うことができる。

〈省略〉

3　収益業務に関する会計は、当該社会医療法人が開設する病院、診療所、介護老人保健
施設又は介護医療院（指定管理者として管理する病院等を含む。）の業務及び前条各号
に掲げる業務に関する会計から区分し、特別の会計として経理しなければならない。

特定非営利活動促進法（平成 10 年法律第 7 号）

（その他の事業）

第二章　特定非営利活動法人

第一節　通則

第五条　特定非営利活動法人は、その行う特定非営利活動に係る事業に支障がない限り、当該特定非営利活動に係る事業以外の事業（以下「その他の事業」という。）を行うことができる。この場合において、利益を生じたときは、これを当該特定非営利活動に係る事業のために使用しなければならない。

2　その他の事業に関する会計は、当該特定非営利活動法人の行う特定非営利活動に係る事業に関する会計から区分し、特別の会計として経理しなければならない。

3 固定資産に関する費用額の誤り

まさかのできごと

　ある非営利組織で、新任の監事が初めて監査に臨んだ時の話です。事業年度が終了し、決算も無事に終わった後、監事は決算書類の監査をすることになりました。監事には決算書類を監査する義務があります。決算書を確認していた監事は、その事業年度で多額の赤字が計上されていることに驚き、「何があったのですか?」と経理責任者に尋ねました。

　経理責任者は、「今年は建物の耐震補強工事を実施したので、支出が多くなりました。だから赤字になったのは当然で、不思議なことは何もありませんよ」と答えました。しかし、監事はその説明に納得できず、詳しく調べることにしました。

　調査を進めるうちに、監事は重大なミスに気づきました。その法人では、固定資産として計上すべきものが費用として扱われていたのです。固定資産の取得に該当する取引がほとんどなく、経理担当者は固定資産と費用の区別についての理解が不十分だったため、建物の耐震補強に関する支出を全額、費用として計上していたのです。監事が確かめたところ、やはりそれは固定資産とすべきものでした。

　その結果、法人の赤字は過大であり、運営状況の実態と決算書等の内容は乖離していました。監事は「このままでは決算書は適正とは認められません」と指摘し、決算の修正を求め、決算はやり直しになってしまいました。

固定資産と費用の判断とは

初めて経理に関与した人には、支出が資産と費用に分かれることがよくわからないのではないかと思います。しかし、この判断は重要です。支出について、費用と資産の判断の誤りは、決算書の資産額や費用額の誤りの原因となり、結果として何らかの財務規制に抵触してしまうかもしれません。

固定資産計上漏れ防止の対応のポイント

固定資産とは、長期にわたって法人の業務に役に立つもので、一定以上の重要性のある金額のものです。長期とは通常1年以上です。重要性は場合によって異なりますが、法人税の取扱いを前提にすれば10万円を超えるものは通常重要性があると考えられます。

固定資産の例としては、土地や建物、オフィスの机・椅子・キャビネットやパソコン、車両等があります。さらに、固定資産はこのような有形のものだけではなく、無形の権利を取得した場合も含みます。無形固定資産の例としては、特許権、商標権、ソフトウェア等です。

固定資産は、減価償却を通じて費用化されます。減価償却とは、固定資産の取得原価を使用可能な期間にわたって規則的に配分することです。もし取得した年度に一括で費用化する方法をとると、特定の年度だけに費用が集中します。しかし、実際には各事業年度で同様の便益を発揮しているはずです。これでは、決算書を通じて見える法人運営の実態が正しく把握できません。このため、固定資産を使用可能期間で規則的に費用化するのです。

次の図は、80万円のIT機器を事業年度開始時点で1台購入してすぐに事業の用に供した場合の例です。減価償却方法は定額法、耐用年数は4年、残存簿価0円と仮定します。

■ 減価償却費の決算書への影響

①取得した年度に一活計上した場合の決算書の見え方

	取得1年目	取得2年目	取得3年目	取得4年目
費用	△ 800,000	0	0	0

1年目に費用が集中して見える

通常、毎年同じ程度の便益が固定資産から得られるはずなのに、見合いの費用が存在しないように見える

②減価償却を行った場合の決算書の見え方

	取得1年目	取得2年目	取得3年目	取得4年目
費用	△ 200,000	△ 200,000	△ 200,000	△ 200,000

支出額は各期に均等に配分され、固定資産が利用されている実態が見て取れる。通常、毎年同じ程度の便益が固定資産から得られるはず、という仮定に即した結果

　取得した年度に支出額を全額費用として計上した場合と、使用可能期間（耐用年数4年）にわたって費用化した場合とでは、決算書の見え方が大きく違います。①のケースでは、2年目以降でも1年目と同様の便益が固定資産からもたらされているはずなのに、その便益に見合う費用がありません。さらに、すべての便益が1年目で享受しつくしたわけではないのに、1年目に極端に費用が多くなってしまうことも問題です。毎年決算書を見ている人からすると何か特別な問題が生じて費用が増加したのか、と懸念してしまうかもしれません。②では、4年間毎年同額の費用が計上されるため、固定資産が利用されている実態を見て取ることができます。

　固定資産計上漏れを防止するためには、伝票チェックの際に固定資産の要件を満たす支出がないかを確かめることが重要です。次は、伝票決裁時に理解しておくべき固定資産の要件を解説します。

1. 経理規程等での金額基準の把握

　ある法人内で、固定資産を「10万円以上で1年超の耐用年数を持つ資

産」と定義しているとしたら、伝票チェック時には金額欄を見て10万円を超える資産の取得がないか、に注意します。

そのためには、まず固定資産の金額基準を把握しなければなりません。法人内部で定められた固定資産となる金額基準を確かめましょう。固定資産の金額基準は、各法人制度における会計基準、法人税申告義務の有無等によって重要と言える金額が異なるため、固定資産となる基準額が異なります。インターネット検索での一般論だけでなく、内部規程も確かめる必要があります。

2. 固定資産の例示の理解

有形固定資産、無形固定資産の例としては、次の表のようなものがあります。伝票を見た際に、これらのものがあった場合には、固定資産となる基準金額以上ではないか、利用可能期間が1年を超えていないか、を確かめましょう。金額基準は独立的に機能する最小単位ごとに判断するのが一般的なので、購入数量も併せて確認しましょう。

次の表は、「減価償却資産の耐用年数等に関する省令」をもとに作成したものです。固定資産として一般的なものを挙げています。この他、家畜（牛、馬、豚）や果樹のような生物も固定資産となる場合があります。

■ 固定資産の例

有形固定資産	土地	建物	建物附属設備	機械及び装置
	構築物	船舶	航空機	車両及び運搬具
	工具	器具及び備品		
無形固定資産	漁業権	ダム使用権	水利権	特許権
	実用新案権	意匠権	商標権	ソフトウエア
	育成者権	営業権	専用側線利用権	鉄道軌道連絡通行施設利用権
	電気ガス供給施設利用権	水道施設利用権	工業用水道施設利用権	電気通信施設利用権

出典：「減価償却資産の耐用年数等に関する省令（昭和40年大蔵省令第15号）をもとに筆者作成

3. 固定資産が含まれる可能性のある勘定科目の理解

　備品費や消耗品費等の勘定科目には、固定資産となる可能性のあるものが含まれています。このため、これらの勘定科目を見かけたら固定資産計上漏れがないか注意しましょう。

　備品費や消耗品等の他、金額の大きい委託費等にも注意しましょう。1つの契約に複数のサービスが含まれており、その中に固定資産となる物品等資産の納品があるかもしれません。例えば、ITインフラの調達では、契約件名が役務的なものになっていることがありますが、その中にサーバー等のハードウェアが含まれていることもあります。固定資産が含まれる可能性が低い給与や法定福利費のような支出を除き、多額の支出で摘要欄に「○○等」とある伝票を見かけたら、1つの契約に固定資産となる要素が含まれていないかに注意しましょう。

4. 取得原価の範囲の理解

　取得原価には、固定資産の取得に伴う付随費用も含まれることに注意が必要です。企業会計原則では、「有形固定資産の取得原価には、原則として当該資産の取引費用等の付随費用を含める」とされています。この原則は株式会社に限らず、非営利分野においても一般的に適用される会計慣行です。無形固定資産においても、同様に付随費用の考慮が求められます。

　付随費用の計上漏れを防ぐためには、付随費用の具体例を把握しておくことが重要です。固定資産を取得する際には、その資産に関連する費用を見逃さないよう注意しましょう。金額が大きい場合ほど、付随費用が発生する可能性が高まります。

〈付随費用の例[1]〉

● 引取運賃

● 荷役費

- 運送保険料
- 購入手数料
- 関税

5. その他固定資産の判断

　固定資産の判断は奥が深く、会計処理にはさらに詳細な知識が必要です。本書では最低限の事項だけを述べています。実際の会計処理を行う際には、内部規程やマニュアル、市販の解説書等をよく確認してください。

▌修繕費の判断誤り防止の対応のポイント

　一般的な意味での修繕費とは「法人がその有する固定資産の修理、改良等のために支出した金額」です。しかし、会計上はこのような支出のうち一定のものは資本的支出と呼ばれ、固定資産と同様の取扱いをします。つまり、感覚的に修繕費と思って会計処理を行うと、実際には費用ではなく固定資産として処理しなければならない場合がある、ということです。

　このような判断は難しく、修繕費に関連した固定資産計上漏れが多く発生します。修繕費の伝票が決裁のために提出されたら、資本的支出として固定資産計上すべきものがないかに注意しましょう。

1. 修繕費と資本的支出の例示の理解

　会計処理における修繕費とは「法人がその有する固定資産の修理、改良等のために支出した金額のうち当該固定資産の通常の維持管理のため、又はき損した固定資産につきその原状を回復するために要したと認められる部分の金額[2]」とされています。一方、資本的支出は「法人がその有する固定資産の修理、改良等のために支出した金額のうち当該固定

資産の価値を高め、又はその耐久性を増すこととなると認められる部分に対応する金額」です。

　このような支出は、固定資産（1年超使えるもの）と一体となって長期にわたり何らかの便益を生むため、支出時点で一括して費用にはしません。この2つの違いと例示をまず以下の「法人税基本通達」から理解しましょう。

「法人税基本通達」（抜粋）

第8節　資本的支出と修繕費
（資本的支出の例示）
7-8-1　法人がその有する固定資産の修理、改良等のために支出した金額のうち当該固定資産の価値を高め、又はその耐久性を増すこととなると認められる部分に対応する金額が資本的支出となるのであるから、例えば次に掲げるような金額は、原則として資本的支出に該当する。
　(1)　建物の避難階段の取付等物理的に付加した部分に係る費用の額
　(2)　用途変更のための模様替え等改造又は改装に直接要した費用の額
　(3)　機械の部分品を特に品質又は性能の高いものに取り替えた場合のその取替えに要した費用の額のうち通常の取替えの場合にその取替えに要すると認められる費用の額を超える部分の金額
（注）　建物の増築、構築物の拡張、延長等は建物等の取得に当たる。

（修繕費に含まれる費用）
7-8-2　法人がその有する固定資産の修理、改良等のために支出した金額のうち当該固定資産の通常の維持管理のため、又はき損した固定資産につきその原状を回復するために要したと認められる部分の金額が修繕費となるのであるが、次に掲げるような金額は、修繕費に該当する。〈省略〉

(1)　建物の移えい又は解体移築をした場合（移えい又は解体移築を予定して取得した建物についてした場合を除く。）におけるその移えい又は移築に要した費用の額。ただし、解体移築にあっては、旧資材の70％以上がその性質上再使用できる場合であって、当該旧資材をそのまま利用して従前の建物と同一の規模及び構造の建物を再建築するものに限る。

(2)　機械装置の移設（7−3−12《集中生産を行う等のための機械装置の移設費》の本文の適用のある移設を除く。）に要した費用（解体費を含む。）の額

(3)　地盤沈下した土地を沈下前の状態に回復するために行う地盛りに要した費用の額。ただし、次に掲げる場合のその地盛りに要した費用の額を除く。

　　イ　土地の取得後直ちに地盛りを行った場合

　　ロ　土地の利用目的の変更その他土地の効用を著しく増加するための地盛りを行った場合

　　ハ　地盤沈下により評価損を計上した土地について地盛りを行った場合

(4)　建物、機械装置等が地盤沈下により海水等の浸害を受けることとなったために行う床上げ、地上げ又は移設に要した費用の額。ただし、その床上工事等が従来の床面の構造、材質等を改良するものである等明らかに改良工事であると認められる場合のその改良部分に対応する金額を除く。

(5)　現に使用している土地の水はけを良くする等のために行う砂利、砕石等の敷設に要した費用の額及び砂利道又は砂利路面に砂利、砕石等を補充するために要した費用の額

2.「法人税基本通達」を参考にする理由

　ここで、修繕費／資本的支出の判断になぜ「法人税基本通達」が出て

くるのか、と不思議に思うかもしれません。これは非営利組織の会計の
うち、各法人制度で明確に定められていない部分については、会計の慣
行を踏まえた会計処理を行うためです。修繕費／資本的支出の判断は、
企業会計や非営利会計においても一般的に「法人税基本通達」を参照し
ています。これは、法人税額計算に用いられることから広く普及してい
ること、他に詳細な定めのある規程が乏しいこと等が理由と考えられま
す。このため、各法人制度で個別の定めがない限りは、「法人税基本通
達」を念頭に修繕費／資本的支出を判断することになります。

　ただし、修繕費／資本的支出の判断に関しては、非営利組織ごとに定
められた会計基準に具体的な定めがある場合は、そちらを優先的に適用
します。非営利組織の会計処理を行う際には、まず各法人制度に定めら
れた会計基準を確認し、必要に応じて企業会計や「法人税基本通達」を
参照することが適切です。

〈会計の慣行を斟酌する各法人制度の定めの例〉

● 「一般社団法人及び一般財団法人に関する法律」第 119 条：一般社団法
　人の会計は、その行う事業に応じて、一般に公正妥当と認められる会計
　の慣行に従うものとする。

● 「公益社団法人及び公益財団法人の認定等に関する法律施行規則」第 12
　条：この節、次節及び第四章の用語の解釈及び規定の適用に関しては、
　一般に公正妥当と認められる公益法人の会計の基準その他の公益法人の
　会計の慣行をしん酌しなければならない。

● 「社会福祉法」第 45 条の 23：社会福祉法人は、厚生労働省令で定める
　基準に従い、会計処理を行わなければならない。

● 「社会福祉法人会計基準」第 1 条 2 項：社会福祉法人は、この省令に定
　めるもののほか、一般に公正妥当と認められる社会福祉法人会計の慣行
　を斟酌しなければならない。

● 「医療法」第 50 条：医療法人の会計は、この法律及びこの法律に基づく

厚生労働省令の規定によるほか、一般に公正妥当と認められる会計の慣行に従うものとする。

　修繕費の判断は、耐用年数の選択と同様に奥が深く、これだけで本が一冊書けるほどです。本書では触れられない点も多いため、修繕費か資本的支出かの判断については、他の専門書も参照して理解を深めてください。また、判断に迷った場合には、専門家に相談することをお勧めします。

固定資産耐用年数設定誤り防止の対応のポイント

1. 固定資産耐用年数設定誤りの影響

　固定資産を適切に把握できたとしても、耐用年数の設定を誤ることで減価償却費の計上額に誤りが生じる場合があります。

　次の図は固定資産の取得価額が100、耐用年数が5年、残存簿価が0円で減価償却を行う事例です。もし誤って耐用年数を2年に設定した場合、耐用年数が短くなるために各事業年度での配分額が増加し、減価償却費が過大となってしまいます。例えば、次の図の1年目を見ると、本来は20であるべき減価償却費が耐用年数を誤って短く設定したために30過大になっています。耐用年数が短いほど、分母が小さくなるため、一事業年度当たりに配分される減価償却費の金額が増加するのです。

■ 耐用年数設定誤りの影響

耐用年数5年			耐用年数2年		
固定資産 100	1年目	20	固定資産 100	1年目	50
	2年目	20		2年目	50
	3年目	20			
	4年目	20			
	5年目	20			

本来は20なのに、耐用年数を誤って短くすると減価償却費が30過大になってしまっている

2. 耐用年数表の見方

耐用年数は、資産の材質・構造・用途等の他、使用上の環境、技術の革新、経済事情の変化による陳腐化の危険の程度、その他当該法人の特殊的条件も考慮して、各法人が自己の資産について経済的使用可能予測期間を見積もって自主的に決定すべきと考えられています[3]。しかし、一般的には法人税を計算するための指針である「減価償却資産の耐用年数等に関する省令」の別表で定める耐用年数を利用するのが慣行となっています。このため、本書でも、当該省令の別表から耐用年数を選択することを前提とします。

伝票上の固定資産の耐用年数を設定する際、耐用年数の一覧表との照合において注意すべき点は2つあります。1点目は大項目ごとの類似名称、2点目は類似機能です。

(1) 類似名称の理解

例えば、エアコンの場合、一覧表を見ていると建物附属設備の「冷房、暖房、通風又はボイラー設備」が目に入ります。しかし、さらに見ていくと、器具及び備品にも「冷房用又は暖房用機器」という項目があり、異なる耐用年数が示されています。このように、大項目ごとに複数の類似名称があることに注意して照合してください。

(2) 類似機能の理解

例えば、勘定科目「工具」、構造又は用途「切削工具」、耐用年数「2年」という項目が「減価償却資産の耐用年数等に関する省令」にあります。以前、ある非営利組織で金額が非常に高額の「切削工具（耐用年数2年）」を見かけました。補助金財源で数千万円もする高価なものでした。「どうしてこんなに耐用年数が短いのか？」と不思議に思い現物を確認したところ、コンピューター制御で切削加工できる大型の機械でした。担当者が会計に不慣れで、耐用年数の設定方法がよくわからず、切

■ 財務省令の別表の抜粋

種類	構造又は用途	細目	耐用年数
建物附属設備	・・・	・・・	・・・
	給排水又は衛生設備及びガス設備	冷暖房設備（冷凍機の出力が二十二キロワット以下のもの）	一五
	冷房、暖房、通風又はボイラー設備		一三
・・・	・・・		・・・
器具及び備品	1　家具、電気機器、ガス機器及び家庭用品（他の項に掲げるものを除く。）	事務机、事務いす及びキャビネット	
・・・		主として金属製のもの	一五
		冷房用又は**暖房**用機器	六
・・・	・・・		・・・

出典：「減価償却資産の耐用年数等に関する省令」（昭和40年大蔵省令第15号）「別表第一　機械及び装置以外の有形減価償却資産の耐用年数表」https://elaws.e-gov.go.jp/document?lawid＝340M50000040015。

削という機能に着目して選択してしまったそうです。実際には10年以上は容易に使用継続可能なものであったため、耐用年数を選び直すことになりました。

　このような、明らかに実態と異なる耐用年数の設定は適切ではありません。固定資産の使用実態が見えなくなったり、費用が極端に偏ってしまったりすることで、決算書を見た人から異常事態と誤解されるおそれがあります。

事業供用日設定誤り防止の対応のポイント

1. 事業供用日設定誤りの影響

　減価償却開始時点は事業の用に供した日です。事業供用日を誤ると減価償却計算の誤りにつながってしまいます。国税庁のHP[4]によると「『事業の用に供した日』とは、一般的にはその減価償却資産のもつ属性

に従って本来の目的のために使用を開始するに至った日を言いますので、例えば、機械等を購入した場合は、機械を工場内に搬入しただけでは事業の用に供したとは言えず、その機械を据え付け、試運転を完了し、製品等の生産を開始した日が事業の用に供した日となります。」とあります。つまり、必ずしも固定資産が納品された日から減価償却を開始するわけではない、ということです。伝票をよく見ると、固定資産の取得日と事業供用日は別の欄に表示されているのではないでしょうか。

　参考に、事例をいくつか挙げます。

(1) 事例：工事中の建物に設置された非常用発電機

　ある法人で、新築中の建物に非常用発電機が設置されました。試運転が完了し、私が伝票を確認した時点ではすでに減価償却が開始されていました。しかし、何かがおかしいと感じました。というのも、その建物の軀体は完成しているものの、内装工事が終わっていなかったからです。現地で確認したところ、非常用発電機は使用可能でしたが、建物の内装工事は未了でコンクリートがむき出しの状態でした。

　この非常用発電機のケースでは、法人の担当者と協議し、建物全体の使用開始時点で減価償却を開始することにしました。建物が使用可能な状況になっていないのに、非常用発電機だけが事業の用に供されているとは言えないと判断したからです。

(2) 事例：使用開始が延期された情報システムのハードウェア

　ある法人で、新たなシステムを開発していたところ、リリース直前に重大なバグが見つかり、ユーザーの使用開始が延期されました。この際、新たに開発したシステムに対応するサーバー機器等のハードウェアはすでに納品済みで、いつでも利用開始できる状態でした。このため、減価償却は開始されていました。

　しかし、新システムが事業の用に供されていないのに、対応するハー

ドウェアが事業の用に供されているとは言えないと判断し、新システムの利用開始に合わせて減価償却を開始することにしました。

2. 事業供用日に注意すべき状況

　事業の用に供した日を適切に判断するために、納品日と事業供用日が異なるケースに注意しましょう。単純に納品書・検収書等の日付と伝票を照合するだけでは正確な判断ができないことがあります。例えば、納品済みであっても試運転中ではないか、契約書に使用開始日が別途明記されていないか、等に注意しましょう。

　この他、過去の私の経験から、注意すべき点を以下に例示します。

- 複合的要素が一体となって機能する固定資産：建物の新築や情報システム等、複数の要素が一体となって機能する固定資産には注意が必要となる。全体として機能を発揮する前に、個々の要素はもっと早い段階で納品されている可能性がある。このため、全体として利用を開始していないのに、個別要素となっている固定資産について、誤って納品時から減価償却を開始しないように注意する。
- トラブルによる事業開始遅延：何らかのトラブルで、進めていた事業やプロジェクトの開始が延期された場合にも注意が必要となる。関連する固定資産がある場合には、それらの固定資産が事業の用に供されていないのに減価償却が開始されている可能性がある。

まとめ

〈固定資産計上漏れ防止の対応策〉

● 固定資産となる条件を正確に把握する。

● 有形固定資産と無形固定資産の具体例を把握する。

● 取得原価を構成する付随費用の範囲を理解し、通常費用となるような勘定科目でも固定資産取得時には取得原価に含めるものがないか、注意する。

● 複数のサービスがまとめられている委託費等の支出について、固定資産の条件を満たすものが含まれていないかを確かめる。

〈修繕費の判断誤りへの対応策〉

● 修繕費となる場合の例示を理解する。

● 資本的支出として固定資産となる場合の例示を理解する。

〈耐用年数設定誤りに対する対応策〉

● 選択された耐用年数について、財務省令に定められた耐用年数の一覧表と照合する。

● 耐用年数の一覧表は、類似名称のものが複数あることに注意する。

● 耐用年数の一覧表は、機能が類似していても構造等の違いで耐用年数が異なる場合があることに注意する。

〈事業供用日設定誤りへの対策〉

● 納品日と事業供用日が異なる可能性があることを認識する。

● 納品書・検収書等の日付と実際に事業の用に供している日が異ならないか、試運転の有無やその他契約書の記載内容に照らして確かめる。

● 複数の要素が一体的に機能する固定資産を取得する場合に、個々の固定資産の納品日と全体の利用開始時点が異なる可能性に注意する。

● 新規事業や新規プロジェクトの開始が延期された場合、関連して取得した

固定資産がないかどうか、ある場合には減価償却の開始時点が適切かを確かめる。

◉ **注**

1 国税庁 HP「タックスアンサー（よくある税の質問）　No.5400 減価償却資産の取得価額に含めないことができる付随費用」

2 国税庁 HP「法令等法令解釈通達　第 8 節 資本的支出と修繕費」

3 監査・保証実務委員会報告第 81 号「減価償却に関する当面の監査上の取扱い 3. 耐用年数の決定とその変更」第 13 項を踏まえて記載しています

4 国税庁 HP「タックスアンサー（よくある税の質問）　No.5400-2 事業の用に供した日」

4 前払費用等経過勘定の計上漏れ等

まさかのできごと

　経理部門のAさんは、経理初心者で、今回が初めての決算作業です。専門用語や慣れない業務に苦戦しながらも、なんとか期末決算業務を進めてきました。結果として決算書を作成することができましたが、1つ問題が発生しました。1年間、予算通りに法人の運営を行ったはずなのに、なぜか赤字が出てしまったのです。

　上司からは「何で今年は赤字になったんだろう？そんなはずはないから、もう一度確認してほしい」と指摘されました。Aさんは、いろいろ調べてみましたが、原因がわかりません。

　困ったAさんは、前任者に相談しました。すると、前払費用の計上漏れが原因だと指摘されました。詳しく調べると、確かに3月末に翌年度の4月1日から1年間分の火災保険料が支払われており、その全額が当年度の費用として計上されていました。前任者からは、「このような支払いは前払費用として計上し、役務の提供が翌年度以降であれば翌年度の費用に繰り越す必要がある」と教わりました。この間違いを修正すると、損益は予算通りに均衡し、決算書の内容と法人運営の結果が整合していることが確認できました。

　Aさんはこの経験を通じて、前払費用等の経過勘定の重要性を初めて理解しました。

経過勘定とは

　経過勘定項目とは、取引が発生した時期と収益や費用の計上時期が異なる場合に、正しい会計期間に収益や費用を反映させるために使用する勘定科目です。これにより、決算書に正確な財政状態及び運営状況を示すことができます。

　具体的には、前払費用、未払費用、未収収益、前受収益といった勘定科目があります。前払費用は、将来の期間に費用として認識される支出で、一時的に資産として計上されます。未払費用は、すでに発生しているがまだ支払いが行われていない費用で負債に計上されます。未収収益は、すでに提供したサービス等に対してまだ受け取っていない収益で、資産として計上されます。前受収益は、将来提供する商品やサービスに対してすでに受け取った収益で、負債として計上されます。

　本章では、これら各勘定科目の詳細と、それらがどのように決算書に反映されるかについて説明します。

前払費用計上漏れ防止の対応のポイント

1. 前払費用とは

　前払費用とは、「一定の契約に従い、継続して役務の提供を受ける場合、いまだ提供されていない役務に対し支払われた対価[1]」のことを指します。例えば、複数年の保険料を前払いした場合、その保険期間は次の事業年度以降にも及ぶため、費用はその期間にわたって按分されます。

　前払費用の計上が漏れると、次年度に費用とすべき金額が当年度の決算に含まれてしまい、費用の過大計上が生じてしまいます。

2. 前払費用の計上が漏れやすい費用科目の理解

　一定期間にわたり効果が生じる性質の取引について、支出した翌年度

以降に対応する部分がないかどうか、注意する必要があります。具体的には、以下のような勘定科目に注意してください。

- 保険料：保険料が一度に支払われ、その適用期間が複数の事業年度にわたるケース。
- 賃貸料：事務所や店舗等の賃貸契約において、数か月分の家賃を前払いするケース。
- 広告費：啓発・普及活動のために、一定期間にわたる広告費を前払いするケース。
- 保守料：機械やシステムの保守サービスに対して年間契約として前払いするケース。

未払費用計上漏れ防止の対応のポイント

1. 未払費用とは

未払費用とは「一定の契約に従い、継続して役務の提供を受ける場合、すでに提供された役務に対して、いまだその対価の支払が終らないもの[2]」です。未払費用は、支払いはなくとも費用として計上すべきもので、計上が漏れると費用が本来あるべき金額よりも過少となってしまいます。

2. 未払費用の計上が漏れやすい費用科目の理解

未払費用の例としては、以下のようなものが考えられます。まずはどのようなものが該当するか、理解しましょう。

- 未払利息：銀行借入金等に対して支払う利息で、会計期間末時点では支払われていないが、すでに発生している利息。
- 未払賃金：職員の給与や賞与で、会計期間末までに発生しているが、ま

だ支払われていない金額。例えば、月末締めで翌月初めに支払われる給与の未払分。

- 未払賃貸料：事務所や店舗等の賃貸契約に基づく家賃で、会計期間末までに発生しているが、まだ支払われていない金額。例えば、月末までに使用した賃貸スペースに対する未払分。

- 未払水道光熱費：会計期間末までに使用したが、まだ支払われていない水道、電気、ガス等の光熱費。例えば、月末までに使用したが、請求書が翌月に発行される場合の未払分。

- 未払広告費：啓発・普及活動のための広告費で、会計期間末までに発生しているが、まだ支払われていない金額。例えば、すでに掲載された広告に対する未払分。

このような未払費用の計上漏れは、以下のようなアプローチで予防やチェックを行います。

- 3月決算であれば4月に起票された伝票に前事業年度のものが紛れていないか、確かめる。

- 発注済案件について、発注〜納品〜支払い〜会計処理等の一連の流れを進捗管理しているのであれば、発注済みでかつ請求書未到着の案件をリストアップする。

- 当期末と前期末の未払費用の勘定残高明細を見比べて、当期末の計上漏れがないか確かめる。

- 期末決算で、請求書や納品書等が適切に処理できるように、期限までの経理部門提出を周知徹底する。

未収収益計上漏れ防止の対応のポイント

1. 未収収益とは

　未収収益とは、「一定の契約に従い、継続して役務の提供を行う場合、すでに提供した役務に対して、いまだ、その対価の支払を受けていないもの[3]」です。未収収益は入金がなくとも収益とすべきものです。この計上が漏れると、本来はあるべき金額よりも収益が過少となってしまいます。

2. 未収収益の計上が漏れやすい収益科目の理解

　まずは未収収益として該当する例を理解しましょう。例えば、以下のようなものがあります。

- 未収利息：預金や貸付金、地方債等に対して発生する利息で、会計期間末時点でまだ受け取っていないが、すでに一定期間が経過して発生していると考えられる利息。
- 未収賃貸料：不動産等の賃貸契約に基づく受取家賃で、会計期間末までに発生しているが、まだ受け取っていない金額。

　まず、当期末と前期末の未収収益の勘定残高明細を見比べて、当期末の計上漏れがないか確かめましょう。また、3月決算であれば、4月の入金で前年度決算に反映すべきものがないか、にも注意しましょう。

前受収益計上漏れ防止の対応のポイント

1. 前受収益とは

　前受収益とは「一定の契約に従い、継続して役務の提供を行う場合、いまだ提供していない役務に対し支払を受けた対価[4]」です。すでに入金

はあるのですが、まだ約束した何らかの義務を履行していないために、収益には計上しないものです。前受収益の計上が漏れると、収益を過大計上してしまいます。

2. 前受収益の計上が漏れやすい収益科目の理解

まずは前受収益として該当する例を理解しましょう。例えば、以下のようなものがあります。

- 授業料の前受：学生が次年度の授業料を前払いするケース。例えば、大学が次年度の授業料を前もって受け取った場合、その授業料は前受収益として計上し、実際の授業を行った年度で収益とする。
- 前受会費：会員から年会費等を前払いで受け取るケース。例えば、ある年度の年会費を年度開始前に前払いで受け取った場合、その会費は前受収益として計上し、会費が対象とする年度で収益とする。
- 前受セミナー等参加料：教育機関、学術機関、NPO 法人が実施する研修やセミナー、学会の参加料を前もって受け取るケース。例えば、次年度の研修プログラムの参加料を前払いで受け取った場合、その参加費は前受収益として計上し、実際に研修が行われた年度で収益とする。

前受収益はすでに入金があることが前提です。このため、入金伝票をチェックする際に、自法人の側で実施しなければならない義務が未履行でないかを確かめましょう。件名が相手先からの前払い等になっていないか、入金の根拠となって契約書等の履行期限が先の日付でないか、等に注意しましょう。

▌ 経過勘定取崩漏れ防止の対応のポイント

以上、前払費用、未払費用、未収収益及び前受収益を見てきました。

これまでの説明は計上漏れを取り扱いましたが、計上した後の翌事業年度に取崩しを失念してしまった場合も収益や費用の誤りとなります。以下のような次年度以降の対応策にも目を向けてください。

- 計上した経過勘定項目の取崩しを決算スケジュールに反映させる。
- 経過勘定項目の残高明細を作成して内訳がわかるようにしておく。
- 経過勘定項目の取崩しに伴う収益や費用は、摘要欄に「前払費用の費用化」、「前受収益の収益化」等と記載して集計できるようにしておく。取崩額の正確性を検証できるようにするため。

ま と め

- 前払費用、未払費用、未収収益及び前受収益（経過勘定項目）の具体例を理解する。
- 経過勘定項目の具体例を踏まえ、該当する可能性のある取引を識別した際にはどの事業年度に帰属するかを確かめる。
- 前期の勘定科目明細との比較等により、経過勘定項目の計上漏れがないかを確かめる。
- 翌年度以降の取崩しが漏れないように、スケジュール管理する。

● 注
[1] 大蔵省企業会計審議会「企業会計原則注解」昭和 57 年 4 月 20 日。
[2] 同上。
[3] 同上。
[4] 同上。

5 期ずれ

【第Ⅲ部 健全経営は伝票から！ 適正な決算書の作成によるトラブル防止】

まさかのできごと

　ある非営利組織での出来事です。経理責任者が4月分の伝票を決裁していた際、4月に計上された消耗品費の中に、どう見ても3月分の費用と思われるものが含まれていました。経理責任者はこれを不審に思い、経理担当者に確認すると、担当者は「これは4月分の費用です」と答えました。

　詳細に調べたところ、経理担当者は3月に納品された消耗品について、4月に受け取った請求書に記載されていた4月の日付で伝票を入力していたことが判明しました。この経理担当者は今回が初めての決算であり、伝票の日付にどの証憑の日付を使用すべきかを十分に理解していなかったのです。

　その後、他の伝票についても見直しを行い、誤って4月分として計上された費用を3月分に修正しました。しかし、これにより、同時進行していた年度決算に手戻りが発生し、決算スケジュールが遅れてしまいました。この経験から、担当者は自分の勉強不足を痛感し、会計の知識をしっかりと学ぶ決意をしました。

期ずれとは

期ずれとは、会計業界の用語の1つで、一般的に収益、費用、資産、負債を誤った時点で計上してしまうことを意味します。取引が本来とは異なる事業年度に集計されることで、決算書の誤りの原因となります。

例えば、次の図のような決算を考えてみます。①は、翌年度に計上すべき費用Cが当年度に含まれてしまいました。すると、当年度の費用が大きくなり、その分差し引きで計算する利益は小さくなっています。②は逆に、当年度の費用が翌年度に計上されてしまい、利益が過大になっています。

このような経理ミスが生じた場合、例えば公益法人における収支相償のような利益に関する一定の規制の遵守状況がわからなくなってしまいます。また、利益を課税標準とする法人税の申告にも影響します。

■ 期ずれの問題のイメージ

①翌年度の費用を当年度に計上する誤り

当年度		翌年度	
収益	1,000	収益	・・・
費用A	100	費用D	・・・
費用B	300	費用E	・・・
費用C	200		
費用合計	600	費用合計	・・・
差引利益	400	差引利益	・・・

差引利益は費用Cを含めない600が正しいが、誤って400となり、その分利益が過少になっている

②当年度の費用を翌年度に計上する誤り

当年度		翌年度	
収益	1,000	収益	・・・
費用A	100	費用D	・・・
費用B	300	費用E	・・・
費用C	0		200
費用合計	400	費用合計	・・・
差引利益	600	差引利益	・・・

差引利益は費用Cを含めた400が正しいが、誤って600となり、その分利益が過大になっている

このように期ずれは、決算書の正確性に影響することで、様々なトラブルの原因となってしまいます。

▌ 期ずれ防止の対応のポイント

　期ずれは、伝票の日付と根拠証憑が整合していることをチェックすることで防止できます。しかし、伝票には複数の日付が記載されている場合があります。伝票項目のどの日付を見て、どの証憑との整合性を確かめればよいのでしょうか。通常の費用計上と支払いまでの流れと日付を整理してみましょう。

　例えば、消耗品を購入する場合を考えてみます。まず、カタログやインターネット検索により、機能や金額を比較して条件に一致するものを探します。条件に一致するものが見つかったら、発注を行います。納品されたら、発注内容と納品物が一致することを確認します。請求書が届いたら、注文書、納品書、請求書を整理して支払いをしてよいかを確認し、支払処理を行います。支払後は銀行口座の記録で問題なく支払いが完了したことを確かめます。この一連の流れを図にすると次のようになります。

■ 費用計上と支払いまでの流れ

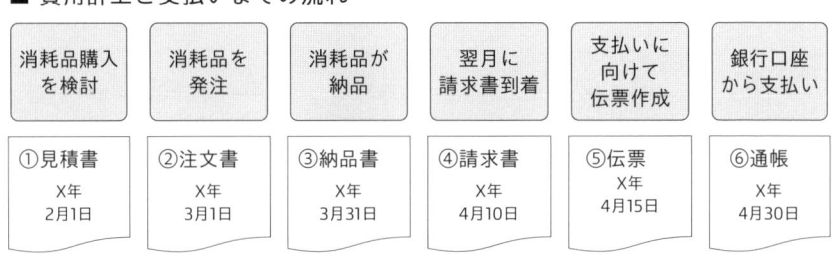

消耗品購入を検討	消耗品を発注	消耗品が納品	翌月に請求書到着	支払いに向けて伝票作成	銀行口座から支払い
①見積書 X年 2月1日	②注文書 X年 3月1日	③納品書 X年 3月31日	④請求書 X年 4月10日	⑤伝票 X年 4月15日	⑥通帳 X年 4月30日

　ここでチェックすべきポイントは、伝票の計上日と納品書日付との整合性です。

1. 計上日の理解

　計上日とは、取引が発生した日のことです。費用の計上は発生した日

を基準に行います。このことは発生主義会計と言います。反対の概念は現金主義で、支払った日で計上する考え方です。企業会計でも非営利法人会計でも通常は発生主義が採用されています。例えば、3月末の決算日時点で会計処理を行う場合、伝票の計上日が3月31日であればその年度決算に反映され、4月1日であれば翌年度決算書に反映されることになります。

前の図の消耗品の例では、取引が発生したタイミングは納品された日付と考えられ、納品書日付の3月31日が計上日になります。

計上日という名称は異なる表記がなされる場合があります。例えば、転記日や起票日という名称かもしれません。この表記は使用する会計システムや会計ソフトによって異なるため、それぞれのマニュアル等で何の日付を意味するのか確認する必要があります。

2. 伝票作成日との違い

類似名称の伝票作成日と混同しないように注意してください。この日付は伝票を作成した日です。例えば、前の図で言えば、納品されたのが3月だとしても、①～④の証憑が経理部門に回付されてくるのは4月になることがあります。この場合、3月に発生した取引の伝票を4月に作成したことを記録するため、伝票作成日が4月の日付です。計上日である3月31日と異なる点に注意してください。伝票作成日も名称が会計システムや会計ソフトによって異なるため、マニュアル等で定義を確認しましょう。

3. 納品書・検収書等との照合

設例の消耗品のような費用の計上日は通常、納品書と一致します。納品書は納品された日と納品されたもの、金額等を示す文書であり、納品する側が作成します。発生主義に照らし、発注したものが納品された時点で取引が発生したと考え、支払いを待たずに会計処理を行います。

類似の証憑に検収書があります。例えば、建物の引き渡しや情報システムの納入のように発注者側が想定した機能・要件等を満たしていることを確認する場合には、検収書が作成されます。検収書は通常、発注者側が作成します（受注者側がフォーマットを作成し、発注者が記載することもあります）。検収書が作成される場合も、通常、検収完了日付が計上日となります。

ま と め

- ●計上日の概念を理解し、伝票上の他の日付を混同しないようにする。
- ●納品書・検収書等の日付と伝票の計上日が一致することを確かめる。

コラム　伝票の日付

　伝票における各種日付のそれぞれに異なる役割を簡単に解説します。

伝票作成日

　伝票作成日は、その伝票が作成された日付のことを指します。伝票作成日を記録することで、異動してきた後任者は、以前の業務内容を把握しやすくなります。いつ、何をしていたのかがわかるからです。また、上司にとっては、業務の進捗管理のための指標になります。会計処理には期限がある場合があり、取引発生日（計上日）と伝票作成日が大きく離れている場合は、何か問題が発生している可能性があります。

伝票決裁日

　伝票決裁日は、伝票が承認された日を示し、取引が組織内の適切な権限者によって確認されたことを意味します。この日付は、決裁者が正しく決裁を行ったことを証明する重要な要素です。例えば、支払いは伝票決裁の後に実施すべきです。決裁日を記録しておくと、責任者が支払前に取引を確認した証拠とすることができます。

計上日（取引発生日）

計上日は、取引が実際に発生した日です。複式簿記での会計処理は基本的にこの時点で発生したものと考えるため、収益や費用等の発生時点を決定する基準となります。本章で取り上げたのは主にこの日付の解説です。

支払予定日

支払予定日は、債務を履行する予定の日付を指し、資金計画（いわゆる資金繰り）において重要です。伝票に支払予定日の記載があると、資金の必要時期が予測可能になり、適切な資金計画を策定・実行することができます。

支払日（実績）

支払日（実績）は、実際に支払いが完了した日です。この日付は、支払いの進捗を管理するために重要です。数か月経過しても支払日が記載されていない伝票は、支払漏れの可能性があるので注意が必要です。定期的に、支払日が記載されていない伝票が残っていないかを確認し、支払漏れを防ぐためにこの日付を参考にします。

入金予定日

入金予定日は、外部からの入金が予定される日を指します。この日付は、資金計画において重要です。伝票に入金予定日を記載しておくと、収入の発生時期を予測でき、その収入を考慮していつ、どれくらいの支出が可能かという資金計画を適切に立て、実行できます。

入金日（実績）

入金日（実績）は、実際にお金が企業の口座に入った日です。これにより、予定された入金と実際の入金の間に生じるズレを把握することで、債権管理に役立ちます。

支払期限

支払期限は、債務や義務（例えば、事業者への支払い、税金の納付、借入金の返済等）を履行する最終的な期限です。これは法的責任の履行を確実にするために重要であり、遅延による罰金や利息の発生を避けるために必要です。

6 勘定科目の選択誤り

まさかのできごと

　ある法人で決算書を確認していると、特定の費用が急増していることがわかりました。この報告を受けた役員は、法人全体でこの費用を削減するためのプロジェクトを立ち上げることを決定し、部門横断的なプロジェクトチームを結成することになりました。

　しかし、プロジェクトが始動する直前に重大な事実が発覚します。実際には特定の費用は増加しておらず、経理担当者の勘定科目の選択誤りが原因であることが判明したのです。実際の費用は変わらず、他の勘定科目の費用がその分減少していただけでした。

　この事実を知った経理部の担当者は困惑しました。すでに役員には誤った情報を報告しており、プロジェクトチームの結成も法人内で公表されていました。しかし、このままではいずれ真実が明らかになるため、担当者は覚悟を決めて役員に真相を報告しました。案の定、担当者は厳しく叱責されることになりました。

勘定科目の選択誤りとは

正確な決算書作成を行う上で重要となるのが勘定科目の選択です。

1. 勘定科目はどうやって選択するのか

勘定科目の誤りはしばしば見落とされがちですが、これが決算書に意外な影響を及ぼすことがあります。勘定科目の選択誤りは直接的な個別リスクと結びつきにくいものの、間接的に様々なトラブルの原因となり得ます。

勘定科目は、経理規程別表を参照して選択します。この別表には、使用すべき勘定科目の一覧が示されており、そこから適切な科目を選びます。会計システムには、経理規程別表の勘定科目が登録されているため、通常はプルダウンメニューから選択するだけで済みます。選択肢が限定されているのは、財務報告に一貫性を持たせるためです。担当者が自由に入力すると、「交通費」や「旅費交通費」、「旅費」等の表記が異なり、決算書に反映される科目が異なる可能性があり、財務諸表の見え方が不自然になることがあります。

公益認定等委員会が公表する立ち入り検査事例の中にも財務諸表の勘定科目名の誤使用[1]があります。勘定科目の誤選択はよくある問題で、経験的にも理解できるところです。慣れていないと勘定科目を感覚的に選んでしまうかもしれませんが、経理規程を参考にし、正確に選択することが重要です。

2. 勘定科目の選択誤りの影響

勘定科目の選択を誤ると様々な悪影響があります。

(1) 勘定科目の選択誤りによる決算の手戻り

勘定科目の選択誤りは、誤った伝票の集計を招き、決算書の表示に不

整合を生じさせます。具体的には、決算書にこれまでなかった勘定科目が突然現れたり、説明のつかない増減が生じたりします。選択誤りは決算書作成後に発見されることが多く、その際には決算作業中に手戻りが発生し、作業負担が増します。伝票決裁時に適切に勘定科目を選択することで、決算作業中の修正作業を減らし、効率的な決算を行いましょう。

（2）勘定科目の選択誤りによる経営判断の誤り

　勘定科目の選択誤りは決算書の表示に不整合が生じてしまいます。決算作業中に気がつくことができればよいのですが、気がつかずに見落とされた場合には、経営判断の誤りにつながりかねません。

　次の図のような例を考えてみましょう。ある支出額 1,000 について、本来は委託費に計上すべきところを、誤って広告宣伝費に計上したとします。その結果、委託費が減少し、広告宣伝費が増加したように見えます。役員がこれを見て、「広告宣伝費を削減するべき」と指示を出すと、担当部署ではその指示の背景を理解できず、誤った経費削減策が実行さ

■ 勘定科目の選択誤りと経営判断の誤り

正しい決算

	前期	当期	増減
人件費	10,000	9,000	△ 1,000
委託費	5,000	**5,000**	0
広告宣伝費	1,000	**1,000**	0
減価償却費	2,000	2,000	0

誤った決算

	前期	当期	増減
人件費	10,000	9,000	△ 1,000
委託費	5,000	**4,000**	△ 1,000
広告宣伝費	1,000	**2,000**	1,000
減価償却費	2,000	2,000	0

**本来は委託費とすべき
金額1,000が誤って
広告宣伝費とされた**

れるかもしれません。このように、勘定科目の選択誤りは決算書の見え方に影響し、経営判断を誤らせるリスクがあります。勘定科目の選択には細心の注意を払いましょう。

なお、今回は委託費と広告宣伝費を例にしました。「この2つはどうやって見分けるのか」、疑問に思うかもしれません。法形式を見ると委託に見えるが、目的や業務内容は広告であるような場合、勘定科目をどうやって選べばよいか、わかりません。このため、勘定科目は誰にでもわかりやすい、明確な定義が必要です。この点については、対応のポイントで詳細を解説します。

(3) 内部管理上の支障

勘定科目の選択誤りは、法人の内部管理にも支障をきたします。例えば、旅費交通費には、法人内規程で支給上限やタクシーの利用範囲、航空券の取扱い等が定められていますが、誤って会議費等の他の勘定科目に計上すると、これらの規程に基づくチェックが漏れてしまう可能性があります。

また、交際費についても同様です。交際費は私的利用や乱費防止のために規程で要件が定められていますが、本来は交際費として計上すべき支出を他の科目に計上すると、内部管理の対象外になり、適切なチェックが行えなくなる可能性があります。

3. 勘定科目の縦・横の体系（大分類と小分類）

勘定科目の選択誤り防止の方法を解説する前に、もう1つ理解しておくべき重要な点があります。それは、事業費と管理費の区分を考慮する必要があることです。事業費は非営利組織の目的達成に直接関連する活動にかかる費用で、管理費は組織全体の管理や運営に関わる費用です。次の表は、公益法人制度において挙げられている具体例です。

事業費	・事業に従事する職員の給与手当等の人件費、事業に関連して発生する旅費交通費、事業の実施会場の賃借料等の経費 ・業務執行理事に対する役員報酬のうち、事業へ従事することへの対価であると認められる部分
管理費	個別の事業実施に直接かかわりのない役員報酬や管理部門の経理担当職員の給料手当等の人件費、社員総会・評議員会・理事会の開催費用、理事・評議員・監事報酬や税務申告に係る税理士報酬、会計監査に係る監査報酬等

出所：公益法人informationHP「公益法人制度等におけるよくある質問（FAQ）　問Ⅴ–3—⑥（公益目的事業比率）」令和5年12月版、内閣府

事業費と管理費の区分が重要な理由は2つあります。まず、非営利組織の経営には事業費と管理費の適度なバランスが必要であり、このバランスを正確に把握するためには区分が明確でなければなりません。次に、寄附者等への説明においても、管理費の割合が不明確では信頼を損なう可能性があるため、両者の分類の正確性が求められます。

(1) 事業費・管理費区分の重要性：経営判断に資するため

事業費と管理費のバランスを把握することは、非営利組織の経営判断において重要です。事業費は組織目的達成のための費用であり、適切に資金を割り当てることが求められます。一方、管理費は組織の運営に必要な経費であり、事業費とのバランスを考慮して適切な水準を維持する必要があります。管理費は多過ぎると本来の非営利組織の事業に回すお金が少なくなってしまいます。しかし、少な過ぎると法人の基本的な管理運営がおろそかになり、ミスや不祥事の原因となってしまいます。

両者のバランスは非常に重要なので、事業費と管理費の区分が不明確だと、法人運営上の判断が支障をきたすおそれがあります。

(2) 事業費・管理費区分の重要性：寄附者等への説明

寄附者に対して資金の使い道を正確に伝えるためには、事業費と管理

費の区分が重要です。

　寄附者は、自分の寄附金が非営利組織の社会的課題解決に直接役立つことを期待しています。多くの寄附者は、法人の運営に必要な管理費に対してではなく、具体的な事業活動に対して寄附を行いたいと考えていると思います。このため、管理費が高過ぎたり、その割合が不透明だったりすると、寄附者は自分の寄附がどの程度事業に使われるのか不安に感じて、寄附をためらう可能性があります。

　このような懸念を防ぐためには、事業費と管理費を明確に区分し、その割合を具体的に示すことが必要です。これにより、寄附者に資金の使い道を正確に説明でき、信頼を得ることができます。

（3）事業費・管理費区分のイメージ

　同じ勘定科目でも、事業費と管理費とでは決算書における表示の意味が異なるため、伝票決裁時にはその使い分けの正しさを確かめる必要があります。ここで、類似した論点である区分経理との関係を解説します。次の表を見てください。事業費と管理費の分類は、縦の関係の分類です。一方で、区分経理とは横の関係での分類です。まとめると、勘定

■ 勘定科目体系のイメージ

	区分経理					
	A事業	B事業	・・・	法人	・・・	合計
事業費						
・・・	❷	❸				
減価償却費	❶	正しい勘定科目				
・・・						
管理費						
・・・						
減価償却費						
・・・						

科目の選択の際には、①勘定科目が正しいか、②事業費・管理費区分は正しいか、③区分経理が正しいか、という3つの観点で確かめることになります。

▍勘定科目の選択誤り防止の対応のポイント

1. 経理規定別表等との整合性

伝票決裁前に、勘定科目の経理規程別表等でそれぞれの勘定科目定義を確認しましょう。また、勘定科目の内容に関する例示も読んでおきましょう。その上で、決裁する伝票の取引内容と勘定科目の定義に照らして勘定科目が適切に選択されていることを確かめましょう。

さらに、非営利組織の勘定科目体系は、事業費・管理費区分と区分経理が存在します。勘定科目の選択の正しさだけでなく、事業費・管理費区分（勘定科目体系の縦の分類）と区分経理（横の分類）の正確性を確かめることも忘れないでください。通常、事業費・管理費区分は、経理規程別表で上位分類となっています。伝票決裁時に勘定科目だけを目で追うと、上位分類を見落としてしまい、結果として勘定科目の選択誤りを発見できないかもしれないので注意しましょう。

2. 勘定科目体系をMECEに整備する

1.の重要な前提として、勘定科目が経理規程等で明確に定義されていることが必要です。そうでないと、例えば広告宣伝費と委託費のような、共通点を持つ取引について勘定科目を適切に判断することが難しくなります。勘定科目を MECE（Mutually Exclusive and Collectively Exhaustive、漏れなく重複なく）な体系として整備する必要があるということです。

しかし、勘定科目の定義はすべてのケースを想定するのには限度があり、どうしても曖昧さが残る場合があります。また、定義の表現が受け

取る人によって異なる解釈を招く可能性もあります。このため、勘定科目の解説と具体例も用意しておく等の工夫が重要です。

　勘定科目を明確にする工夫の例として、ある法人では契約種類ごとに用意された契約書ひな型と勘定科目を関連付けることで、この契約書を使用する場合にはこの勘定科目を適用する、という明確な基準を設けていました。このように、業務プロセスの中で自然に間違いを防止できる仕組みを検討しましょう。

3. 勘定科目選択方法の周知・共有と業務改善

　勘定科目の選択について、経理部門内での意思統一は比較的容易です。しかし、ある程度規模の大きい法人では、経理部門ではなく各部門（いわゆる現場）で伝票を起票し、経理部門は未入力部分の補完や間違いの訂正等に専念する体制を取ることがあるかもしれません。このように経理機能が分散している場合、勘定科目の選択は現場の担当者に委ねられることになります。このため、各担当者が勘定科目を正しく理解して選択できるように、事前に周知徹底しておく必要があります。

　各部署への周知は、文書の送付だけでなく、勉強会等の対面での説明機会を設けると効果的です。勘定科目の定義だけでなく、経理規程等には常に予期しないケースが存在します。予期しないケースは現場で発生するため、現場からのフィードバックも非常に重要です。勉強会は、経理部門から各部署への一方向の情報伝達にとどまらず、双方向のコミュニケーションの場とすることで、現場の意見を取り入れながら改善を図る機会にしましょう。

4. 残高試算表の前期比較

　勘定科目の選択誤りの防止には、個別の伝票決裁時の注意だけでなく、残高試算表の前期比較も併せて行うことが重要です。具体的には、説明のつかない増減や前期に存在しなかった勘定科目が突然表示されて

大科目	中科目	小科目	概要
事業費	○○事業費	交通費	職員や関連者が事業活動のために外出する際の交通費用。電車、バス、タクシー等の公共交通機関の利用費や車両の使用費を含む。
		消耗品費	オフィスや活動場所で使用される消耗品の購入費。文房具、清掃用品、備品等。
		減価償却費	固定資産の定期的な価値減少に対する費用。
		広告宣伝費	活動の目的や成果を広く公知するための費用。イベントの告知、啓発材料の制作、ウェブサイト運営費用等。
		研修費	研修費はスタッフの能力向上や知識の更新を目的とした研修やセミナーへの参加料、外部講師への講演料等。
		会議費	会議費は運営会議やプロジェクト会議、パートナー団体との連携会議の経費で、資料印刷や飲食提供等。
		賃借料	事務所や活動スペースなど、必要な施設の賃借に関する費用。定期的な家賃や、特定のプロジェクトのため一時的に借りるスペースの料金を含む。
		保険料	公益法人の資産や活動を保護するための保険にかかる費用。火災保険、賠償責任保険等、事業運営におけるリスクをカバーする保険が該当する。
		渉外費	外部との関係構築や協力体制を築くための接待費や交際費。他団体との連携強化の経費等。
	△△事業費	交通費	同上
		消耗品費	同上
		減価償却費	同上
		広告宣伝費	同上
		研修費	同上
		会議費	同上
		賃借料	同上
		保険料	同上
		渉外費	同上
・・・		・・・	・・・
管理費	・・・	・・・	・・・

いないかを確認することが求められます。これは、個別の伝票だけでは見えてこない異常に気づく機会となります。

まとめ

● 経理規程等で勘定科目を MECE に定義する。

● 経理規程等で勘定科目の説明や具体例を付して誰でも理解できるように努める。

● 伝票決裁前に、勘定科目の一覧表（経理規程別表）で各勘定科目の定義を確認する。

● 勘定科目の一覧表には、事業費と管理費の大分類等があるため、一見すると同じに見える勘定科目が複数存在する。選び間違いのないように注意する。

● 残高試算表の前期比較で、説明のつかない増減や前期にない勘定科目が表示されていないかを確認する。

◉ 注

1　公益法人information HP「法人運営における留意事項～立入検査における主な指摘事項を踏まえて～」https://www.koeki-info.go.jp/content/20190828_02_1.pdf

頭を整理しよう！
伝票の項目別ポイントとトラブルにつながる仕事チェックリスト

Ⅳ部では、伝票サンプルの各項目と添付される証憑例を見ながら、Ⅱ部とⅢ部で解説した伝票決裁の観点を復習します。さらに、知らないと発生する可能性がある会計処理に関するトラブルの原因となる「危険な仕事の仕方」を解説します。伝票決裁は直接的な誤りを発見することに重点があるため、本文では間接的な要因に触れる機会がありませんでした。このため、最後のⅣ部で解説します。

伝票項目等から見た決裁のポイント

　第Ⅱ部と第Ⅲ部では、よくある経理ミス、その影響、および早期発見・予防のための伝票決裁のポイントについて検討しました。第Ⅱ部と第Ⅲ部では事象ごとに分類してきましたが、本章では伝票の項目と添付された証憑に基づいて、伝票決裁のポイントを再確認します。このように、異なる視点から見直すことで、復習としてより効果的であると考えています。

■ 伝票と証憑から見た伝票決裁の観点

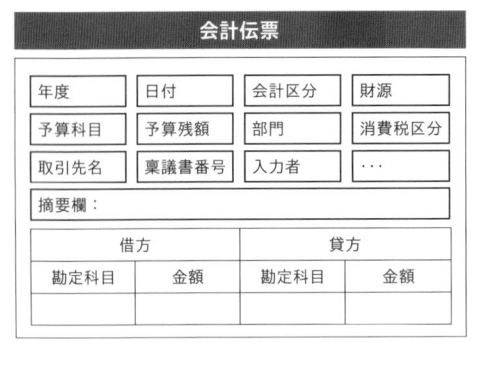

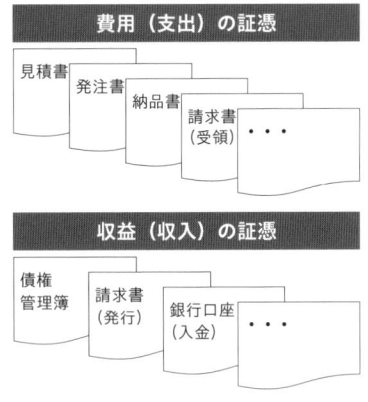

金額

●誤払い（第Ⅱ部 1 ）

　伝票の金額を見たら、その正確性を確かめ、誤払いのようなトラブルを防止できるようにしましょう。具体的には、桁数が多くないか、数値の順番が入れ替わっていないか等、よくあるミスを念頭に、請求書等の

根拠証憑と照合しましょう。

●固定資産に関する費用額の誤り（取得原価）（第Ⅲ部 **3**）

　消耗品費や備品費で一定以上の金額のものは費用ではなく固定資産として計上する可能性があります。固定資産の条件と例示を理解して判断を誤らないようにしましょう。また、固定資産の取得原価は、付随費用も含める場合があります。固定資産の伝票を決裁する際には、他に付随費用がないか、注意しましょう。

年度

●前払費用等経過勘定の計上漏れ等（第Ⅲ部 **4**）

　取引が発生した時期と収益や費用の計上時期が異なる場合に、正しい会計期間に収益や費用を反映させるために前払費用等の経過勘定項目を計上します。費用としては、保険料、賃貸料、広告費、保守料、支払利息等において、取引発生時期と商品・役務提供が行われる時期（費用を計上する時期）が異なる場合がないかに注意しましょう。収益側では、預金や債券等の利息、賃貸収入等で同様のものがないかに注意しましょう。

日付

●期ずれ（第Ⅲ部 **5**）

　取引発生時点を見誤ることで、取引等を誤った事業年度にしないように、伝票に記載された取引の発生日と根拠証憑の日付とを照合しましょう。根拠証憑は主に納品書・検収書等です。特に決算日前後の取引は日付が一日違うだけで事業年度が異なるため、注意しましょう。また、伝票上には複数の日付があるため、それぞれの定義を確認しておきましょう。使用する会計ソフトや会計システムによって定義が異なるかもしれません。

●固定資産に関する費用額の誤り（事業供用日）（第Ⅲ部❸）

　固定資産を取得した場合は、減価償却費の計算開始日となる事業供用日に注意しましょう。必ずしも、納品書・検収書の日付と一致するとは限りません。

勘定科目

●固定資産に関する費用額の誤り（第Ⅲ部❸）

　本来固定資産とすべき支出を費用としてしまっていないか、固定資産と費用の分類の適切性に注意しましょう。一定金額以上で１年以上使用可能な有形・無形の資産は固定資産となります。可能性としては、備品費や消耗品費の中に固定資産とすべきものがないかどうか、注意してください。固定資産の具体例を理解し、該当するものが費用となっていないかを確かめましょう。

●固定資産に関する費用額の誤り（修繕費）（第Ⅲ部❸）

　一見すると修繕費に見える支出でも、資本的支出として固定資産とすべきものがあります。修繕費と資本的支出のそれぞれの例示に照らして、判断の誤りがないか確かめましょう。

●固定資産に関する費用額の誤り（耐用年数）（第Ⅲ部❸）

　固定資産を取得した際には、耐用年数を適切に設定しましょう。財務省令で定める耐用年数の一覧表を参照する際には、異なる上位分類で複数の類似名称があるため間違いないようにしましょう。また、機能が類似していても構造等の違いで耐用年数が異なる場合があることにも注意しましょう。

●勘定科目の選択誤り（第Ⅲ部❻）

　資産、負債、収益及び費用の判断が正しくても、勘定科目を選び間違

えると、決算書が表す法人の財政状態及び運営状況の意味が変わってしまいます。本来は必要な業務改善がなされない、不要または的外れな業務改善がなされてしまう、という問題が生じてしまいます。感覚的に選ばず、経理規程における勘定科目の定義を確かめましょう。

財源

●補助金の返還（第Ⅱ部 5 ）

　財源が補助金等の場合には、その用途が補助金等交付要綱に定められた内容と整合するか等に注意しましょう。誤った用途に支出すると、返還を求められてしまうかもしれません。また、固定資産の除売却の伝票を決裁する際には、誤って処分制限がある固定資産が含まれていないかにも注意しましょう。この他、補助事業期間、複合的な契約における用途外の支出、補助金で取得した固定資産に関する補助対象額といった間違いやすいポイントを確かめましょう。

区分経理

●区分経理の誤り（第Ⅲ部 2 ）

　区分経理の分類を誤ると、各法人制度における財務規制や税金の申告を誤る可能性があります。会計区分を正しく選択するためには、ある部署や事業に関する伝票が自動的に対応する会計区分に分類されるような仕組みが必要です。それが難しい場合には、会計区分の特徴と取引内容との整合性を確かめましょう。会計区分の特徴の理解を深めるためには、3現の法則が有用です。

消費税区分

●消費税区分の誤り（第Ⅱ部 7 ）

　消費税は、課税取引、免税取引、非課税取引、不課税取引の4種類があります。それぞれの消費税区分を正しく選択しましょう。間違える

と、集計して消費税の申告金額を算定する際、誤った結果になってしまうかもしれません。各区分の例示を理解することが重要です。また、課税取引のうち課税仕入れには適格請求書等が根拠証憑として添付されていることも確かめましょう。

取引先名
●誤払い（第Ⅱ部 **1**）
　誤った支払相手先に送金しようとしていないか、請求書等の正式な相手先名称と伝票上の相手先が一致することを確かめましょう。

●源泉徴収漏れ・納付遅延（第Ⅱ部 **6**）
　法人から個人への支払いの際には、源泉徴収義務がないかどうかを確かめましょう。また、源泉徴収したお金は期日までに国に納付しなければなりません。納付遅延が生じないように、決算スケジュール表等を作成して関係者間で共有し、進捗管理を適時に行いましょう。

費用（支出）の証憑
●二重払い（第Ⅱ部 **2**）
　紙の証憑は原本での会計処理を徹底しましょう。コピーで会計処理を行うと、二重払いとなるおそれがあるからです。電子証憑も同様の注意が必要です。発注記録等と電子証憑を紐づける等により、重複が生じない業務の手順を整えましょう。また、既視感のある伝票に注意し、月次等のタイミングで伝票データを金額でソートして、重複が疑われるデータがないかを確かめましょう。

●倒産等による取引先の債務不履行（第Ⅱ部 **4**）
　請求書が来ても即座に支払処理に着手してはいけません。自らが発注したものであるかどうか、適切に商品・役務の提供が完了しているか、

という観点で発注書や納品書等の根拠証憑を確かめましょう。

●横領による損失（第Ⅱ部 8 ）

　横領には架空の立替経費を請求する手口があります。各部署で適切に決裁されたものであるか、稟議書の内容を確かめましょう。旅費交通費は、飛行機等の証憑が本物であっても私的旅行ではないか、旅行命令書等を確かめましょう。残業代については、残業時間に関する勤怠承認履歴を確かめましょう。

　決裁済支払伝票と支払いのために銀行送信する振込データとの整合性を確かめ、正規の手続を装った不正送金等の横領を未然に防ぎましょう。また、定期的に現金預金の帳簿残高と実際残高との照合を実施しましょう。

収益（入金）の証憑
●誤入金（受取）の誤使用（第Ⅱ部 3 ）

　誤入金の誤使用を防止するため、入金に関する伝票は、債権管理簿と照らして受け取るべきものなのかを確かめましょう。また、予算に照らして異常な金額の入金が生じていないかにも注意しましょう。

トラブルにつながる
仕事の仕方チェックリスト

　ここまでの各部・章では、様々な経理ミスとそれに伴うトラブルを紹介してきました。本書の最後に、それらの原因となる無意識の行動や思い込み等を挙げてみたいと思います。当てはまるものがないか、職場で点検してみてください。もし当てはまるものがあれば、改善が必要です。ミスの原因を根絶しないと、上司はいつも緊張状態で目を皿にして伝票決裁しなければならなくなってしまいます。

　以下の項目は経理ミス防止のための一般的な「べからず集」です。知らないとやってしまうかもしれない、しかしやってはいけない行動を「個人の行動」、「職場での取組み」、「組織全体の管理」という観点で列挙しました。以下の項目には、本文が伝票決裁にフォーカスしたため触れることができなかった内容も含まれています。チェックリストとしてご活用ください。

個人レベルでの問題

- 請求書だけを見て支払いを行い、発注書や納品書等を確認しない。
  - ➡誤って支払った未履行の債務が履行されずに損失が生じる、または誤請求に気づかずに不要な支払いをしてしまう。
- 伝票編纂のルールが明確でなく、証憑として伝票に添付すべきものが曖昧で、過去の慣習に拠っている。
  - ➡必要な証憑が欠如することにより、決裁時に問題が見落とされる。
- コピーした証憑で会計処理を行う。
  - ➡原本を伝票添付する原則を徹底しないと、二重払いの原因となる。
- 釣銭が切れた際、自分の財布の現金と両替をする。

➡自分の財布の残高を正確に把握する人間は極めてまれで、いくら両替したかがわからなくなり、現金紛失の原因となる。または、現金横領を疑われる。

● 経理規程やマニュアルの重要性が理解されず、安易に前年度の類似取引の伝票を見て会計処理を行う。

➡間違いが正されないまま、継続してしまう。

職場での取組み

● 大量の現金があるのに計数機を使わない。

➡手作業で数えるので数え間違いが生じる。

● 外部の人間も立ち入る窓口の金庫に防犯カメラがない。

➡現金亡失の際に、外部の窃盗と内部の横領・ミスが特定できず、原因究明に支障をきたす。

● 金庫に部署の懇親会費として集めた現金が入っている。

➡法人の現金と見分けがつかず、紛失の原因となる。

● 金庫の鍵が開けっ放し。

➡不正発生の3要因のうち「機会」が常にある。

● 経理規程やマニュアルが整備されていない。

➡正しい会計処理が定義されず、場当たり的な会計処理がなされる。

● 経理規程やマニュアルが定期的に更新されず、陳腐化している。

➡環境の変化や新しい取引が生じているのに対応できない。

● 帳簿と現金預金との整合性を定期的に確認する習慣がない。または帳簿と現金預金との差異を調査せず放置する。

➡不正の「機会」が常にある。また、帳簿と現金預金に不整合が生じた場合に、時間の経過で関係者の記憶があいまいになり、原因が調査できなくなる。

● 会計システムやインターネットバンキングに実装されている権限分掌機能が活用されていない。

➡システム上の分掌がなく単独で処理できるため、構造的にミスに気がつく機会がない。または、不正の「機会」が生じてしまう。

●担当者がワンオペ。

➡仕事が属人的になり、担当者異動に伴いミス防止のノウハウが失われる。

●外部セミナー等を定期的に受講する機会が経理担当者に与えられていない。または、経理担当部門で会計や税に関する専門雑誌等を購読していない。

➡経理担当者の専門知識の向上や更新がなされない。

●同じ業界の他法人の経理担当者と横のつながりがない。

➡他法人事例から間違いや思い込みに気がつく機会がない。

組織全体レベルでの問題

●伝票決裁者が空チェックをしている。

➡容易に発見できる間違いが正されず、予防できたはずのトラブルを生じさせている。

●理事が経理に詳しくなく、関心もない。

➡経理業務の意外に高いリスクが理解できず、経理業務の体制充実や人材育成に投資しない。

●監事が会計監査を十分に実施していない。

➡指摘する人がいないので、経理ミスの緊張感が徐々に薄れる。

コラム　大量の1円玉の謎

　ある非営利組織の経理担当者からの話です。職員が異動した後、その人の引き出しを開けたところ、大量の1円玉があふれるように出てきました。初めは横領ではないかと騒ぎになりましたが、実際には個人的な両替でした。その担当者は窓口で現金を管理しており、年に一度の決算日には、単に現金を数えて帳簿を作成するだけでなく、監査対応も必要です。これには内部監査、監事監査、場合によっては公認会計士による会計監査が含まれます。決算日が平日の場合、窓口対応をしながら同時に現金を速やかにカウントする必要があります。硬貨の数を減らしたいと考え、自分の財布から継続して両替を行っていたそうです。その際のお金が引き出しに溜まっていたのです。

　しかし、個人的な両替を行うことは横領と誤解されるおそれがあり、正しい金額が不明になるリスクも伴います。計数機を使用する等の適切な方法で対応することが重要です。個人的な両替はリスクが高く、組織の信頼性と正確な会計処理を守るために、必ず公式の手続を踏むようにしましょう。無意識に行う危険な業務手法を見直し、他にも不適切な行為がないか点検してみてください。

【著者紹介】

菅貞 秀太郎（すがさだ　しゅうたろう）

公認会計士　日本評価学会認定評価士

専門分野は、公会計、公的機関や非営利組織のガバナンス設計及び内部統制やリスクマネジメント体制の整備・運用等。

〈職務経歴〉

2005年2月現・有限責任監査法人トーマツ入所、2012年8月総務省行政評価局 独立行政法人担当評価監視官室上席評価監視調査官（退職出向）、2014年5月総務省行政管理局 独立行政法人評価担当 兼 独立行政法人制度総括・特殊法人総括 副管理官（退職出向）、2014年8月有限責任監査法人トーマツ、2022年9月菅貞秀太郎公認会計士事務所設立

〈委員歴等〉

日本公認会計士協会 非営利法人委員会 非営利会計検討専門部会 専門委員（2011年8月～2012年7月）、日本公認会計士協会 公会計委員 委員（2014年8月～2018年7月）、日本公認会計士協会 公会計委員会 独立行政法人専門委員会専門 委員（2019年9月～2022年7月）、宇宙航空研究開発機構 経費率改善に関する有識者委員会 委員（2024年3～8月）、会計検査院事務総長官房上席企画官付 特別調査職（2024年4月～）

〈著書等〉

『これだけ知っておけば大丈夫！　新人公務員のリスク管理術』2023年 学陽書房（単著）、『詳解新独立行政法人会計の実務』2016年 ぎょうせい（共著）、月刊『地方財務』平成29年9月号別冊付録 ポイント解説 自治体の内部統制「第4章」2017年 ぎょうせい（共著）、『Q&Aでわかる！自治体の内部統制入門』2018年 学陽書房（有限責任監査法人トーマツ パブリックセクター・ヘルスケア事業部編著、共著）、『2018年度調査研究報告書　多摩・島しょ地域の自治体における内部統制の整備・運用に関する調査研究報告書～信頼される自治体を目指して～』2019年 東京都市町村自治調査会（共同研究）

2024 年 9 月 30 日　　初版発行　　　　　　　略称：非営利伝票

空チェックは危険です!　トラブルを防ぐ
非営利組織の伝票決裁のポイント

著　者　Ⓒ菅　貞　秀太郎

発行者　　中　島　豊　彦

発行所　同 文 舘 出 版 株 式 会 社
東京都千代田区神田神保町 1-41　　〒 101-0051
営業（03）3294-1801　　編集（03）3294-1803
振替 00100-8-42935　https://www.dobunkan.co.jp

Printed in Japan 2024　　　　　　　DTP：マーリンクレイン
印刷・製本：三美印刷

ISBN978-4-495-21067-0